新课标背景下小学数学教学改革思路

许福兰 著

中国言实出版社

图书在版编目（CIP）数据

新课标背景下小学数学教学改革思路 / 许福兰著
. -- 北京：中国言实出版社，2023.9
ISBN 978-7-5171-4558-5

Ⅰ.①新… Ⅱ.①许… Ⅲ.①小学数学课—教学改革
—研究 Ⅳ.① G623.502

中国国家版本馆 CIP 数据核字（2023）第 165189 号

新课标背景下小学数学教学改革思路

责任编辑：郭江妮
责任校对：王建玲

出版发行：中国言实出版社
地　　址：北京市朝阳区北苑路 180 号加利大厦 5 号楼 105 室
邮　　编：100101
编辑部：北京市海淀区花园路 6 号院 B 座 6 层
邮　　编：100088
电　　话：010 – 64924853（总编室）　010 – 64924716（发行部）
网　　址：www.zgyscbs.cn　电子邮箱：zgyscbs@263.net

经　　销：新华书店
印　　刷：北京虎彩文化传播有限公司
版　　次：2023 年 9 月第 1 版　2023 年 9 月第 1 次印刷
规　　格：710 毫米 × 1000 毫米　1/16　10.75 印张
字　　数：146 千字

定　　价：68.00 元
书　　号：ISBN 978-7-5171-4558-5

目　录

引　言

　　课程作为教育教学的载体，是帮助教育对象学习知识、培养思维能力、掌握学习技能、形成探索精神的重要途径。课程标准的制定和执行是某一阶段教学观念、教学思路的体现。纵观教育发展的历程，发现基础教育课程改革产生了深刻变化，其并未处在主观意志的范围内，更是充分考虑到人们对特定社会政治的客观需求，以满足人们的经济、文化需求为基础。在社会发展中，经济体制的变革开辟了新路径，使社会对人才的需求和之前明显不同，在这种需求的影响下，为教育教学改革注入核心动力源。在现代社会，我国社会经济的发展步伐有所加快，逐渐掀起了全球一体化的热潮，不同领域迫切需要创新、专业的人才。传统的应试教育与新时代发展相脱离，主要是基础教学方式比较单一，难以培养出多元化的优秀人才。所以，新课程标准的制定、执行是大势所趋，推动基础教育和教学改革在该领域备受瞩目。

　　2022 年 4 月 21 日，2022 版《义务教育数学课程标准》正式颁布。标准的主要内容分为课程性质、课程理念、课程目标、课程内容、学业质量、课程实施和附录七部分。

　　义务教育数学课程应使学生通过数学的学习，形成和发展面向未来社会和个人发展所需要的核心素养。核心素养是在数学学习过程中逐渐形成和发展的，不同学段发展水平不同，是制定课程目标的基本依据。

　　课程目标以学生发展为本，以核心素养为导向，进一步强调使学生获得数学基础知识、基本技能、基本思想和基本活动经验（简称"四基"）的获得与发展，发展运用数学知识与方法发现、提出、分析和解决问题的能力（简称"四能"），形成正确的情感、态度和价值观。目标强调"四基"（基础知识、基本技能、基本思想和基本活动经验）与"四能"（运用数学知识与方法发现、提出、分析和解决问题的能力）。核心素养导向是本次新课标所有课程都遵循的依据。

《课标》希望通过义务教育阶段的数学学习，学生能达到：

（1）获得适应未来生活和进一步发展所必需的数学基础知识、基本技能、基本思想、基本活动经验。

（2）体会数学知识之间、数学与其他学科之间、数学与生活之间的联系，在探索真实情境所蕴含的关系中，发现问题和提出问题，运用数学和其他学科的知识与方法分析问题和解决问题。

（3）对数学具有好奇心和求知欲，了解数学的价值，欣赏数学美，提高学习数学的兴趣，建立学好数学的信心，养成良好的学习习惯，形成质疑问难、自我反思和勇于探索的科学精神。

新课标背景下，对学习活动的重视度不断提升，强调使学生在活动中感悟数学学科的乐趣和魅力，形成沉浸式数学，体验数学习题、数学概念等带来的帮助。对于小学数学教师而言，自身需形成现代化的教学理念，转变之前单一教学、枯燥教学的手段，注重教学方法的创新及调整。但目前很多数学教师还未真正做到这一点，无论是教学理念，还是教学方法，均体现出一定的不足，尤其是农村地区的小学数学教师，他们的教学思想观念更是停留在早期阶段，缺乏优秀的教师队伍，综合素质水平具有较大的提升空间，缺乏专业、系统的培训，想要提升自身教学水平存在很大难度，无法紧跟新课标背景下对教学提出的要求，从而导致农村小学教育事业的发展举步维艰。其中农村小学数学教学存在的问题主要表现在以下几个方面：其一，从教学目标层面分析，很多小学教师相对滞后，在教学环节依旧凭借个人想法完成，很大程度上忽略了新课标的标准及要求，对学生基础知识的培养不够重视，未制定出培养学生基本技能的现代化方案；其二，教学内容有所不足，未考虑到小学生的实际特点构建相应的教学情境，导致数学教师的原有价值受限，难以帮助学生通过数学眼光思考问题，对数学的探索精神不足，失去了数学教学情境的本意；其三，在教学方法中，虽然部分教师不再采用"满堂灌"的传统教学方法，逐渐开始了教学改革，但盲目跟风的状况比较常见，真正重视学生思维培养的教师少之又少；其四，在教学评价中，部分教师在评价学生的过程中带有一定的主观色彩，未严格遵循真实客观的原则，模糊评价的现象屡屡出现，还有很多教师存在"唯成绩论"的看法，认为成绩好的学生才是表现优异的学生，成绩不好的学生就是表现差的学生，没有从其他层面来表扬成绩差的学生。在上述问题的影响下，小学数学教学效果较差。在新课标背景下，小学数学教师面临的教学挑战不断增多，更新教学理念是必须做到的，还要引导学生转变落后、被动的学习方式，着眼于喜闻乐见的生活情境，在客观事实当中体验和学习数学，为小学生学习创造良好的教学环境。数学是每位学生学习生涯中的必修课程，对学生的学习发展具有极为关键的意义。小学是学生接触教育的最初时期，此时期可以为学生日后学习打基础。由于小学生各方面经验较为匮乏，未深入了解各种事物，在逻辑方面与思维方面均处在劣势，因此在数学学习中将会面临一定困难。而在数学学习的借助下，学生的思维水平将会得到进一步提升，掌握思考问题的技巧，体现出较强的逻辑性，可以知晓如何发现问题，解决问题，且小学数学与其他学科也存在一定联系，加强小学数学学习对整体学习具有重要作用。但目前诸多小学数学教师的思想观念依旧停留在早期阶段，在新课改背景下未秉持与时俱进的理念，从而导致小学数学教学缺乏活力。对于现阶段的小学数学教学，大部分教师均千篇一律地为学生灌输相应数学知识，很大程度上忽略了学生的主体位置，有些教师未认识到与学生积极互动的重要性，课堂氛围较为枯燥，学生无法对数学学习充满兴趣；诸多教师忽略了创新教育的价值，未将其贯彻于整个教学工作中，教师依旧将传统的教学模式作为主要手段，这种教学模式表现出明显的滞后性，与新课改要求背道而驰，导致学生的学习积极性较低。并且，有些小学数学教师直接省略了互动环节，学生失去了与教师互动、交流的机会，对小学数学教学效率的提升造成不利影响；新课改背景下较为提倡合作学习，主要是因为合作学习带来较多积极影响，除了打破以往课堂效率较低的局面外，还使课堂效果呈现更加良好的状态，使小组成员均彰显出自身优势，大家在良好的讨论中不断进步。但实际上，诸多小学数学教师不了解合作学习的真正内涵，错误地认为合作学习只是共同解决某个问题的过程，致使合作学习失去了本质的意义。同时，大多数小学数学教师没有设置数学兴趣小组，导致一些"学困生"的数学成绩越来越差，同学之间缺乏交流、探讨的空间，长此以往对学生数学的学习带来负面影响；对于新课改背景下的数学教学，其存在着教学评价标准不合理的问题，诸多教师在评价学生的过程中，均将分数与成绩作为参考重点，并没有多角度的分析学生的实际情况，由此导致课堂评价结构存在明显不足，想要充分调动学生的学习积极性存在很大难度。

1. 时代背景

1.1 新课标背景下小学数学的教学概述

小学数学课程有利于学生思维能力的培养，使学生获得独立理解问题的能力，也对学生的问题意识与问题解决能力进行了提升。数学知识与学生的实际生活有一定的联系，教师在传授知识的过程中必须做到与时俱进，为学生提供与其身心特点相一致的教学模式，不断激发学生的课堂兴趣。但对于我国的小学数学教学，很多教师依旧扮演着"知识搬运工"的角色，在创设有效问题情境的过程中表现出较多不足，教学理念比较滞后等等。同时，新课标背景下较为提倡合作学习，主要是因为合作学习不仅可以提升课堂效率，还能够促使课堂效果更加理想，使小组成员均彰显出自身优势，大家在良好的讨论中不断进步，共同解决面临的数学难题①。但在实际的数学教学中，教师通常将合作学习设计成学生完成某一个小问题的解决，致使合作学习失去了本质的意义。同时，大多数数学教师没有设置数学兴趣小组，导致一些"学困生"的数学成绩越来越差，同学之间缺乏交流、探讨的空间，长此以往对学生数学的学习带来负面影响。对于新课标背景下的数学教学，存在着教学评价标准不合理的问题，诸多教师在评价学生的过程中，均将分数与成绩

---

① 潘云祥.小学数学教学中培养学生自主学习能力的有效策略［J］.河南教育（教师教育），2023（03）：93.

作为参考重点，并没有多角度地分析学生的实际情况，由此导致课堂评价结构存在明显不足，想要充分调动学生的学习积极性存在很大难度[①]。此外，有些数学教师的课堂评价语言体现出单一且肤浅的特点，甚至使用一些讽刺性的语言，严重地伤害了学生的自尊心，导致数学教学与人们提倡的创新教育产生很大偏差。诸多小学数学教师创设的问题情境不够精细化，对情境创设的内涵、特点缺乏明确认知，不了解创设问题情境的过程中应注意哪些事项，忽略了问题情境的要求，很多教师直接将课本知识挪到了多媒体屏幕中，认为这就是"情境创设"，这种"换汤不换药"的授课效果必然导致教学效果大打折扣。站在小学生的立场上分析，此时期的认知活动较为特殊，体现出具体性的特点，他们在学习时应有具体的情境，了解其与不同事物之间的联系，倘若教师一味讲述抽象的课本知识，将导致学生的学习兴趣逐渐降低。教师在教学时仅通过简单课件完成，容易使学生认为数学是一门枯燥的学科，也会使学生对世界的整体认知产生偏差。在上述问题的影响下，学生不会感受到数学学习的乐趣，在接受知识时比较被动，甚至对数学学习产生厌烦情绪。

1.1.1 教学理念

第一，重视学生的进步与发展。新课标背景下，学生进步与发展的重要性愈加显著，是指帮助学生实现全面、可持续的发展，以三维目标为核心培养学生的综合能力。教师充分发挥自身作用推动学生的进步与发展，树立与时俱进的教育理念，结合新课标提出的要求进行教学，最大程度上提升教学效果，使学生的发展水平呈现理想状态，是目前教育领域关注的焦点问题。对教学有效程度的重视，也就是对怎样实现有效教学的重视[②]。新课程的实施属于一项积极举措，有效解决了教师和学生互动不足的问题，帮助学生占据主动位置，鼓励学生以小组形式共同探讨相关问题，通过合作学习强化学生的学习效果，避免学生的学习积极性变差。无论任何阶段的教学，学生理想的进步和发展都是教师最关注的目标。

---

① 宋志强 . 用有效问题促进探究学习［J］. 教育家，2023（10）：42-43.
② 李作兴 ."互联网＋"背景下小学数学教学模式创新探析［J］. 名师在线，2023（07）：81-83.

第二，关注教学的时间与效益。如果想实现教学有效性，必须强调教学效益。对于教师而言，除了具有精准的时间观念外，还要体现出精准的效益观念，不可仅注重有无将教材中内容讲授到位，而要重视学生有无完全吸收了各个知识点。新课标背景下，教师需摒弃早期的教学观念，将教学的批判反思工作提上日程，对教学效益保持较高的关注度；遵循高效、先进的原则进行教学，不再使学生死记硬背课本知识，引导学生以新的视角接触知识、体会知识，了解不同知识的内涵和关联性，掌握知识是教学实现有效性的一种体现。并且，它还体现在学生积极的学习态度中，在不依赖教师的情况下依旧可以认真学习，养成有效学习的习惯，帮助学生获得更高的教学效益[1]。从教学环节的层面来看，教师绝不能为了追求教学的形式而放弃教学效益的追求，需将教学效益纳入考虑范畴。

第三，注重教师的反思与创新。新课标背景下，针对教学反思提出了新要求，教师要了解什么是需要自身深入反思的，高度重视对教学活动的反思，转变之前对教学活动反思的错误态度，以理性的态度进行反思，检查各个教学环节有无存在不足，制定出解决问题的方案，并考虑到多种因素完成合理计划，从教学活动入手，遵循客观、合理的原则展开评估，积极落实反馈与调节工作，有意识地将教学反思结果作为参考，在此基础上调整自身实际教学中的表现，从而避免教学反思无法提升教学质量，使教学反思充分体现出自身的积极作用，从而为师生的共同发展带来支持。

1.1.2　教学要求

第一，以学生为本。新课标背景下，我国教育发展有了新突破，对每位学生的发展和进步愈加重视，将其作为教育发展的重中之重。这对教师提出一定要求，要求其树立"以学生为本"的发展观，除了高度重视全体学生的发展之外，还要深入思考如何帮助全体学生实现全面发展、可持续发展。教师在教育教学的过程中，需充分考虑到学生的身心发展规律，对每位学生的

---

① 卢义拉.浅谈多媒体教学技术在小学数学教学中的应用［J］.名师在线，2023（07）：87-89.

个体差异保持尊重态度，分析目前学生比较适合何种类型的教育形式，注重对教育形式的调整，吸引学生全身心参与到课堂学习中，感受到学习带来的乐趣和成就感[①]。教师应全面贯彻落实新课改的要求，确保自身的教学方法与新课改保持一致性，在教学理念方面也不可产生偏差，持续学习新课改对教育领域的要求，促使自身的数学视野得到进一步拓展，知晓数学学习与其他学科的不同点，认真落实教育领域对数学教学提出的各个要求，分析提高学生学习积极性的渠道有哪些，将这些措施真正落到实际中，以全新的教学模式为主要出发点，积极创设深受学生喜爱的教学情境，避免学生在数学学习中较为被动。并且，教师还需认识到多媒体技术的作用，将其融入具体的教学中，将学生的年龄特点及兴趣爱好作为参考重点，从而制定针对性的数学教学方案[②]。数学学科与其他学科的差异性显著，其中最明显的为逻辑思维。在数学学习中，问题意识是所有小学生必须掌握的技能，可以帮助学生在遇到学习问题时展开积极思考，使学生认识到主动询问教师的重要性，在教师的指导下掌握解决问题的技巧。在此情形下，就对小学数学教师提出一定要求，要求教师在开展实际教育工作的过程中培养学生的问题意识，帮助学生分析数学问题的特点及解决技巧。并且，教师应融入小学生的语言逻辑性，在提出问题后，使学生有目标、有意识的分析问题，当探讨环节结束后，衍生出新的问题。由此避免小学生的问题意识较为薄弱，打破小学生逻辑思维能力较低的局面。

第二，教师角色的转变。在传统教学模式中，教师扮演着主力军的角色，对课堂的主导性较强，学生在学习知识的过程中十分被动。但自从新课标出现后，教师不仅要完成讲授知识的教育任务，耐心回答学生提出的问题，还要在引导学生趣味化学习工作中投入一定精力和时间。此时，教师的教授过程有了明显变化，摒弃了之前静态、简单的特点，而是一个和学生沟通交流、

---

① 牛丽芳.学有所悟，学有所乐——浅析小学数学教学如何实现教学创新［J］.天天爱科学（教学研究），2023（02）：185–187.

② 谭鸽.核心素养背景下小学数学教学改革的有效策略［J］.天天爱科学（教学研究），2023（02）：46–48.

活跃、动态化的过程。

第三，教学生态的平衡。依据当代教学生态学，科学教学的平衡是一个相对复杂的问题，包括教和学与教学方式结构平衡和教学思维结构与课堂环境等因素的和谐平衡。教学在早期以知识的准确性为主，要求知识是固定的，而目前更加侧重于生态、可发展的知识，认为知识的主观感受是至关重要的，还要和客观事实相融合[①]。知识是教学的核心，除了将明确、显性的知识放在重要位置之外，还需将更多注意力集中在那些还未明确、隐性的知识中。隐性的知识相对特殊，彰显出更大的实践价值与创造价值。新课标背景下，要求该领域的相关主体需完善教学生态，秉持着和谐发展的理念，明确人和文化之间的关联性，注重知识生成问题。

1.2 数学核心素养维度解析

《标准》中提出：数学课程应致力于实现义务训练阶段的培育目标，要面对全体同学，适应同学个性进展的需要，使得人人都能获得良好的数学训练，不同的人在数学上得到不同的进展。小学教育是学生接触数学的起步阶段，按照心理发展阶段理论，处于学龄初期的学生是学习知识比较快速的阶段，所以在数学学科教学中渗透核心素养十分必要，是推动教师教学工作、强化学生发展的重要思想。具体体现在以下几个方面：一是促进学科育人价值的实现。教育部相关文件表明，要以现代化视角看待核心素养，了解核心素养的内涵，使其与各科教学更好地融合[②]。在小学数学教学中培养学生的核心素养已是大势所趋，可以为学科育人价值的实现打好基础。二是促进"四基"的有效落实，尽可能实现教育目标。在马云鹏的观点内，基础知识的理解远远离不开核心素养，提升学生技能的环节也涉及核心素养，核心素养的培养

---

① 李晓美 . 减负增效背景下小学数学教学应用思维导图的策略探讨［J］. 天天爱科学（教学研究），2023（02）：49-51.

② 郭华敏 . 浅谈思维定势在小学数学教学中的妙用［J］. 试题与研究，2023（06）：139-141.

的影响范围较广，其中也包括经验的积累。可见，数学核心素养的作用非常显著，已成为实现数学教学目标的关键因素，也是一种重要的评价依据。三是指导数学教学设计。李星云认为，数学核心素养内涵是教学中的灵魂所在，也是教学设计不可缺少的因素，只有从本质意义上理解了数学核心素养，设计出与数学核心素养相一致的教学，才可以真正为学生带来帮助。还有学者认为，数学核心素养是新时代对数学课程提出的新要求，也是小学数学教育在原有教育理念、教学方法基础上的一种拓展，如若想实现教学目标，那么数学核心素养是不可或缺的。与其他学科概念相比，数学概念的概括性更强，抽象性特点比较明显，从而使学生面临着学习较多概念性知识的困扰，这是培养数学抽象的必经之路①。同时，数学概念的分类、辨析极为关键，有利于数学推理的强化，使学生的数学运算素养有所提升。

所以，从数学核心素养的视角下探讨概念教学，并以数学核心素养的发展为切入点展开研究，能够使概念教学充分发挥自身作用，避免在核心素养培养载体中受限。笔者把"数学核心素养"和"概念教学"设置为主题词在中国知网（CNKI）上进行检索，共检索到相关文献约269篇，其中小学阶段的约有12篇。可见，有关数学核心素养和概念教学研究较多，我国对核心素养更加重视，这也是新课标背景下的重点内容。

1.2.1　数学思维方式

思维是人脑借助于语言媒介认识客观事物并对其概括和间接地心智操作过程。人类认识会经过多个不同的发展时期，主要将现有的知识经验利用起来，针对不同事物的特点、发展趋势、规律进行深入探索。思维的形式比较多样化，其中之一为逻辑思维，另外还包括形象思维、直觉思维、顿悟等。思维不仅彰显出间接性，而且具有概括性的特点②。从数学思维的角度来看，

① 阎曼．回归数学的精神家园——谈小学数学教学的"数学化"［J］．试题与研究，2023（06）：153–155.

② 施立云，王海燕．基于"让学引思"的小学数学教学新思维探索［J］．试题与研究，2023（06）：170–172.

是指理解数学对象的非感知过程。从广义层面来讲，在理解的过程中比较容易，包括数学工具处理生活实际中存在的问题。在奥加涅相的观点里，"数学思维"是指在理解具体数学科学或将数学运用于其他科学技术和国民经济的过程中的辩证思维。同时，对数学思维方式的特点产生清晰认识十分必要，它的影响因素包括一般思维方式，决定因素比较特殊，是数学特征和数学方法对待相应主体的不同认知。对于数学思维能力，往往将数学知识作为重中之重，也属于材料的一种，结合自身思维能力、实际经验猜想该问题应如何解答，整理出相应的数学符号，代入计算公式，完成数学的证明演绎，构建相应的数学模型等，并从一般客观事物入手，掌握其中的数量关系，对其空间形式产生明确认知，从不同角度思考数学模型，从而发展成理性色彩比较明显的思维方式。在数学能力中，它占据着举足轻重的位置。数学思维能力具体包括：选择判断的能力、推理的能力、抽象概括的能力和探索的能力。数学思维能力的内容也比较多样化，要求相关主体树立较强的观察意识，掌握实验的技巧，能够结合实际情况做到分析比较，可以围绕相应的数学知识点进行抽象概况，具有大胆的猜想意识；可以将演绎和数学推理相融合，通过归纳、类比等方式解出不同的数学题型；可以充分发挥出自身的逻辑思维，遵循客观、准确的原则表达自身观点；掌握数学的基本概念，明确其中方法，针对事物的数学关系进行识别[①]。核心素养的研究方向倾向于探究具体学科核心素养的有效落实，从核心素养的层面来看，其与学科核心素养密切相关，主要体现在共性和个性方面，培养学科核心素养的过程中，要以学科独特的培养价值为主。针对小学数学而言，挖掘数学学科的育人价值是每位教师需要做到的，并应着眼于核心素养的培养目标，分析如何将目标落实。对于数学核心素养的概念教学设计，是为了提升学生基础知识水平，在此基础上逐渐朝着学科核心素养迈进。而作为教学环节重要引导者的教师，以及作为学的主体的学生，都要深入了解核心素养。教师对数学概念本质的感悟、把握尤为重要，在很大程度上决定着教学设计的好坏，有针对性地使学生成为积

---

① 赵瑞泽. 小学数学教学中学生解决问题能力培养的方法探讨［J］.试题与研究，2023（06）：194–196.

极参与者，思考概念是如何形成的，感受数学学科带来的乐趣和成就感，确保学生更有信心学好数学，促使学生对抽象的概念产生清晰认识，能够明确区分相应的概念，做好概念的分类，将数学抽象意识体现得淋漓尽致，推动数学核心素养的发展。

1.2.2　数学关键能力

关键能力包括数学抽象能力、数学推理能力、数学建模能力、直观想象能力、运算能力、数据分析观念。数学抽象是指为了得到数学研究对象通过对数量与空间关系的抽象而获得的能力。主要包括以下几个方面：数学概念与概念存在一定的相同点和不同点，两者的关系是数量和数量关系演变而出现的，也与图形和图形息息相关，对象的具体背景抽象出一般规律和结构，并将数字语言应用起来，对其形成一种特殊的表示，数学抽象是数学的特征之一，形成理性思维是一个相对漫长的过程，思维是其中必不可少的因素，在某种程度上与数学的本质特征息息相关，它为数学生成注入新活力，作用在数学的发展中，数学通过数学抽象变成一个高度概括、精确、具有一般和有序结果的系统。主要表现为：呈现出数学概念，明确相应要求，考虑到数学命题的特点，将相应数学命题整理好，完成数学建模，从这些建模中汲取中有内涵的数学思想，形成更加完善的数学方法，掌握数学结构的特点。什么是数学概念？曹一鸣在《数学教学论》中提到："数学概念是反映数学对象本身属性的思维方式，是数学思维的载体，是构成数学学科的基本成分[①]。"数学概念的内涵是所反映事物本质属性的总和，数学概念的外延则是反映事物的总和，数学概念的内涵和外延的区别在于分别是对事物质和量的规定。例如，"质数"的内涵是"一个大于1的自然数，除了1和它本身外，不能被其他自然数整除"，其外延是所有质数的全体。从数学推理的层面来看，是指以部分命题或事实为依据，而提出的一些想法和要求。此方面涉及的类型为两种：一种是特殊的推出一般的推理，

---

① 凌琦文.指向高阶思维培养的小学数学问题链教学研究［J］.试题与研究，2023（06）：173-175.

归纳和类比是其主要形式，另一种是一般推出特殊的推理，以演绎推理为主，数学推理具有特殊化的特点，是获取数学结构的关键渠道，也可以及时对数学框架产生明确认知。

数学建模体现出一定的特殊性，处在抽象数学问题的范畴内，在问题表征中也较为复杂，其中数学语言和数学方法具有关键性作用，运用两者可以解决问题，并按照要求完成模型的构建。该过程的数学模型比较注重数学问题的真正内涵，从中明确问题表达的意思，注重对问题的分析，充分考虑到模型配置和参数，完成求解和计算结果，分析模型有无存在不足之处，注重对模型的改进。数学课程的学习不仅仅停留在课堂中，外部世界也是不可或缺的一部分，数学建模是解决数学应用题的重要工具之一，有助于数学动力的强化，表现在以下方面：明确问题中的要点，将涉及的问题一一列举，建立完相应的模型，依据实际情况进行测试，遵循分析问题、解决问题的原则。对于直观想象，属于空间想象的直觉能力，使用相同形状的数学问题和理解能力的变化。为了避免空间形态问题始终存在，特别是应用的图形的素养①。主要知晓空间形态的物体位置出现了哪些波动，对形态和动作的特点产生清晰认识，以数形结合思想为核心，思考其中存在哪些关联性，是连接数和形状的数学模型，也是对直觉问题的一种更加直观的体现，为激发想象力、思维能力的过程，并提出解决问题的注意事项，针对其中的问题进行讨论，这不仅与数学推理密切相关，也与抽象结构存在明显的关联性，主要表现在以下几点：为了对问题使用几何与数作为明确解释，通过几何知识将数学数量问题更好地呈现出来，将这个表达式作为核心，了解几何直观问题的特点、内涵，在此基础上进一步提升自身认识能力。对于数学运算，是指以算法为核心，在知晓数学运算对象的前提下，从不同层面提升数学核心素养。在此过程中，需引导相关主体了解计算的对象，正确理解算法，探究何种类型的学习思路比较适用，选择针对性的计算方法，设计出科学合理的计算过程，形成科学准确的运行结果。数学运算的开展至关重要，是为了避免自身由于

① 辛勤思.家庭教育对小学数学教学的影响［J］.文理导航（下旬），2023（03）：19-21.

数学问题感到困惑的有效方式，也涉及计算机基础理论的操作，是演绎、推理的综合过程，其中第一步是理解运算对象，并掌握运算方法，积极探索比较有效的预算思维，并查询运算结果[①]。数据分析是现代化的产物，作用原理与数学方法密切相关，利用此种方法体现出数据结构是如何形成的，以及推理数据过程中存在的问题，以研究对象为核心，从而获取相应数据，将数学研究方法利用起来，结合实际情况做到分析整理，随着推论的不断进展，从研究问题中找出相应的知识，主要用于数据采集、数据提取、组合、构建等，最后通过推断、判断得到结论；数据分析体现出综合性的特点，这种研究和随机现象的关联性比较密切，无论是关键数学技术的研究，还是数学程序的研究，都会涉及数据分析。

1.2.3　数学品格及健全人格养成

人格、一般兴趣、动机、意志、情感等心理特征可以归结为心理品格。数学品格及健全人格养成是指在较长时间内的数学活动中形成良好的数学学习动机、养成数学学习的状态，有助于在数学表达方面产生浓厚的兴趣，并形成"超然"、"关怀"、"凝聚力"和健康的个性发展活动，这种心理品质是一个良好的数学特征，有助于形成健康的人格，是非智力因素作用的结果，林崇德曾说：所谓"非智力因素指的是在智力因素和能力因素之外的活动与情感之间相互作用的所有心理因素，体现在情感过程、意志过程、个性倾向性过程、个性、气质类型、性质品格等等方面，并指出是有助于智力和能力发展的因素"[②]。

---

① 张燕.传统文化在小学数学教学中的应用［J］.文理导航（下旬），2023（03）：55-57.
② 张蔚.核心素养下小学数学教学策略研究［J］.文理导航（中旬），2023（03）：31-33.

1.3 小学数学课程标准对课堂教学提出的新要求

1.3.1 对教师的要求

新课标背景下，小学数学教师的教育工作面临着新契机和新挑战。该政策的出现也对其教育工作提出更加严格的要求。所以，为了适应新课改的要求，教师要围绕小学数学的相关内容作出现代化教学设计，以创新的手段进行备课，分析何种类型的教学目标比较适合小学生，将更加明确、清晰的教学目标体现出来，为小学生带来更加理想的教学条件，有效解决教学质量不足的问题。

首先对于观念要求：教师观念不仅会影响到教学方式，也属于教学过程、教学设计的关键影响因素[①]。小学数学教师需紧跟新时代的步伐，充分考虑到新课标的种种要求，在此基础上制定可行性强的教学策略，将该策略融入小学数学课堂中，确保学生的学习热情更高。教师要转变早期的教学观念，了解何为数学，明确数学课程和其他课程的相同点和不同点，对数学教学的价值产生清晰认识。所以，在开展小学数学教学中，教师要树立现代化的教学观念，不再采用早期的数学思想进行教学，深刻认识到学生应在课堂中占据主体位置，自身扮演着学生指导者的角色，强化和学生的互动交流，及时弥补学生学习有效性不足的问题，引导小学生摒弃不够端正的学习态度，使学生对数学学科充满着好奇心理和探索精神。《标准》指出："提倡让学生在做中学"，要求教师要重视学生实际动手能力，通过摆、拼、画、做的方式，渗透科学的数学思想，让学生轻松地获得基本数学常识和知识，增强小学数学教学的针对性和价值性。小学数学教师还要注重知识的丰富性，由于我国教育水平有了新突破，教育观念也越来越先进，所以小学数学教师要注重专业知识结构的完善，形成更加多元化的教学思想，增添艺术色彩在教学环节，及时打破课堂教学效率不足的局面。从文化知识的角度来看，小学数学教师需提升自身的学习意识，通过讲座、外出培训、互联网等渠道学习多样化知

[①] 吴丽娟.基于结构化的小学数学教学策略探讨［J］.文理导航（中旬），2023（03）：61-63.

识，了解现代化教学是如何进行的，明确新课标背景下如何更好的开展小学数学教学，将所学知识和技能应用在实际教育工作中，从而使教学水平有所提升[①]。所以，要从教师的知识结构入手，依据实际情况做到合理划分，充分考虑到新课标背景下的新要求和新标准，并将数学学科的特点、发展现状纳入考虑范畴，引导教师知晓教授的内容有哪些，要如何完成这些内容的教授。第一，教师需持续性完善自身的学科专业知识，例如涉及数学的理论知识和应用知识，还要将数学概念、数学思想放在重要位置，了解我国出名数学家的文化背景、具体成果等。第二，条件性知识，此类知识涵盖了两点内容，分别为教育学和心理学，前者通常与课程、技术、理论等知识息息相关；后者主要体现在心理知识方面，学生的心理知识比较特殊，例如认知、元认知，非认知等等。第三，实践知识是教师能否很好的管理课堂的一种体现，也是教师处理教材的水平。因此，教师需深刻认识到更新教学观念的必要性，将此项工作真正落实，转变与当代发展相脱离的教学方法，积累丰富的数学知识，通过多种渠道增强自身的数学技能。

其次，能力要求：新课标背景下，该领域对教师教学水平提出更高要求，教师要立足于实际情况，以正确积极的态度看待新课标的内涵，在此前提下增强自身的教学能力，分析哪些渠道有利于工作能力和学习能力的提升，将相关措施真正落实，为广大学生群体带来更加优质、高效的教学服务。第一，教师需做到以学生为本，在早期的传统教学中，采用满堂灌教学方式的教师偏多，没有注重与学生的互动交流，学生接受知识的环节十分被动，无法帮助学生实现融会贯通。此种教学模式存在明显弊端，会使教材和练习题占据课堂的主导位置，教师怎么教，学生就怎么做，无法帮助学生实现主动的探索学习。而新课标背景下，小学生的学习地位产生了明显变化，自身成为课堂中的"小主人"，不再单纯地以教师的讲解为主[②]。教师要深刻认识到此问题，将学生的全面发展放在首位，转变以往过于依赖教材的局面，为学生带来趣味的沉浸式学习，使学生完全沉浸在教师的知识体系中，通过与学生兴

---

① 李红妮. 深度学习下的小学数学大单元教学［J］. 文理导航（下旬），2023（02）：64–66.
② 李国林. 小学数学教学运用符号标志开展反思学习的思考［J］. 教育艺术，2023（02）：47.

趣爱好相符的教学模式，调动学生的学习积极性。培养学生的创造力，使学生的想象力更强。第二，教师要着眼于学生的实际情况，意识到多媒体技术对实际教学的帮助，提高多媒体技术的利用率，通过该技术为小学数学课堂增添新的生机，使学生更加积极地参与学习中，并将数学知识点、概念等以图片、视频形式呈现在学生眼前，鼓励学生通过观看图片视频说出自身的收获和存在问题，为学生进行耐心的解答，对于表现优异的学生，教师要体现出正向的鼓励[①]。第三，教学方式的多元化。自从我国越来越提倡新课标的推行之后，也更加强调教师要始终注重以学生发展为本，并提高对学生个体差异的关注度，积极使用因材施教的方法，将新课标的要求纳入考虑范围内。对于"数与代数"，教师需转变之前单一算法的方式，鼓励学生通过多种算法进行解决，为学生提供自主思考的空间，避免学生在数学学习中过于依赖教师。从实际教学的层面来看，教师要不断探索有利于学生自主学习的教学方法，分析现行的教学方法是否受到学生的欢迎，明确学生对何种类型的教学方法更感兴趣，将这些方法呈现在课堂中，在解题思路方面，教师同样要秉持着灵活、多样的理念，避免解题思路单一而影响学生数学核心素养的提升。多样化教学方式是面向群体的，教师要做到不断进取，加强自我学习，针对教学范围进行拓展，以辩证的视角开展教育工作，明确数学和其他学科之间存在哪些关联性，汲取其他学科的成功经验而采用，确保自身的教学模式更加完善。

1.3.2　对学生的要求

新课标背景下，对小学生的标准要求更加明确，强调从不同层面增强学生的思维创新能力，引导学生能够自主探索，在不依赖教师的情况下完成具体操作。能够与其他同学很好的合作交流，促使小学生的数学核心素养产生较大进步。随着新课标的不断实施，对学生的要求也更加明显。首先，在知识与技能方面，要求小学生可以通过现实生活中的数量关系明确数、小数、

---

① 吴静.思维可视化：小学数学教学的有效路径［J］.江苏教育研究，2023（Z1）：130-135.

百分数的概念，了解一些比较常见的运算方法，知晓如何对相关数字进行估算。对于圆形、三角形、正方形等基本图形，使小学生能够知道他们的名称和应用原理，判断这些图形的位置关系，可以按照教师的要求画出不同图形，并掌握整理分析简单数据的技能，培养小学生形成科学的数学态度①。其次，从数学问题解决的层面分析，要求小学生可以在结合实际的基础上了解数学应用题的表达含义，按照正确的思路解题，将题目中的有效信息提取出来，制作成图表的形式，更加清晰、深刻的解决问题，引导小学生形成时间观念和空间观念；可以从数学问题入手，搜集出全面的信息，然后进行归纳、类比和总结，具有一定的推理能力；当教师对其提出数学问题时，可以条理清晰的解答，对结论作出具有说服力的解释②。要求小学生面对疑难问题时不放弃，可以静下心来思考如何正确解决问题，愿意虚心向他人请教，形成良好的合作意识，能够将正确答案制定出来。

1.3.3 对教材的要求

新教材和传统教材的区别较大，不仅形式更加灵活多样，而且内容的丰富性更强，通过现代化的教学理念使新教材更具吸引力，而且教育功能比之前更多。新教材还涉及情境图、练习题、例题等，避免学生在小学数学学习中感到枯燥乏味。所以，小学数学教师要高度重视教材内容。采用与新课标相符的教学理念，转变教学有效性不足的问题。首先，整体把握教材。倘若想制定出完善科学的教学计划，教师要对教材的内涵特点产生明确认知，认真通读教材，明确教材涵盖了哪些结构，随后从细节之处推敲教材，读懂文本，明确文中插图代表的意思，了解到相应的提示语，从而对教材中难度大的内容和重要内容有所了解，将这些内容整理好。同时，教师要针对学生的数学能力进行有效分析，在结合小学数学课程特点的基础上，开展良好的思想教育，为学生阐明数学和自然的种种联系，使学生以正确的视角看待数学

① 黄韵烨 . 指向核心素养发展的数学实验教学——以"认识几分之一"的教学为例［J］. 江苏教育研究，2023（21）：136–139.

② 蔡素贞 . 核心素养视域下的小学数学阅读教学探索［J］. 名师在线，2023（05）：5–7.

和社会，从中学习到重要的数学观念和数学思想。教师要在教材中投入更多精力和时间，指出出相应的重点和难点，为学生带来符合实际情况的指导，遵循启发式的原则进行教学，引导学生发挥自身的思维能力、想象能力，感受数学学习引发的思考，并掌握知识要领，确保学生掌握的数学知识点不断增多。教师应提高对学习思路的关注度，分析如何有效拓展学生的学习思路，及时采用相应的措施，避免学生思维局限的问题出现。在数形结合思想的借助下，能够使图形与数量关系相融合，避免学生理解数学知识点时较为困难。对此，小学数学教师应鼓励学生拓展自身思路，融入数形结合思想，确保教学质量更加理想。

其次，灵活运用教材。当拿到新的教材以后，教师以通读为基础工作，知晓有价值的信息资源后，按照相关要求梳理教材内容，明确要如何开展后续教学，依据实际情况设置清晰的教学目标，及时调整教学方案，明确教学计划对小学数学教学效果的影响，保障计划的合理性[①]。活学活用教材，对于教学而言，不能照本宣科地将教材直接转化为教案，要以教学大纲标准为主，融自己的想法于教材中，将教材中有价值的内容整理在教案中，还要对这些内容进行拓展。对于不符合小学生认知特点的内容需及时消除，注重对教材资源的整合，使抽象的问题更加具体。

---

① 周于雯.关于小学数学教学中思辨能力培养的策略探索［J］.名师在线，2023（05）：14-16.

2. 文献综述

2.1 核心素养研究历程：阶段和主要内容

现阶段，核心素养已经在世界范围内广受关注，并成为教育领域学者不断深入探索与研究的重要课题之一，相关研究成果越来越多样化。通过对国内外相关研究分析发现，主要以下阶段与内容为主。

2.1.1 核心素养内涵探讨及框架建构

西方开展核心素养的相关研究最早，并在经济合作与发展组织（OECD，简称经合组织）与欧盟理事会的研究报告中首次提出核心素养（Key Competence）一词。此后，西方又有许多国家和地区分别对核心素养的含义给予了解释。例如：经合组织（OECD）认为开展核心素养的目的，就是要以掌握相关知识、技能、态度及价值观为前提，确保个体成功以及社会良好运转①。欧盟的解释则为：核心素养不仅集知识、技能与态度为一体，且具备多项功能，也是促进个体发展、步入社会，并参与到社会建设中必须具备的基本素养。美国有学者提出，核心素养与职业技能、学习能力、创新思维等多方面均存在密切的相关性。由此可见，有关核心素养内涵，国家地区不同，

---

① 黄晓利.基于学生阅读能力培养的小学数学教学策略研究［J］.小学生（下旬刊），2023（02）：1-3.

组织学者不同，对其的解释也存在较大差异，但其核心内容基本不变，均为
"培养什么样的人"。

目前，许多国家就核心素养内涵构建了与之匹配的框架体系。如 DeseCo
项目以社会能力的现状与未来发展作为切入点，创建的框架则以三个向度上
的能力为主。美国核心素养的主题则从以下几方面着手，包括全球意识、金
融、经济、商业和创业素养，公民素养，健康素养以及环境素养等。新加坡
构建的核心素养框架体系则将围绕 5 个价值观展开，并将其作为核心内容，
其中除了包含尊重、责任与关爱外，还包含正直与坚毅和谐[①]。

核心素养一词在我国出现时间较晚，自 2014 年至今不过 10 年左右的时
间，但已被充分运用于课程改革中，为实现立德树人的目标奠定坚实基础。
且相关组织（中国学生发展核心素养课题组）于 2016 年 9 月明确指出，核心
素养是学生发展过程中必备的基本素养，是对其自身的未来发展，乃至社会
发展均有着重要影响的能力与品格。核心内容为培养"全面发展的人"，并通
过三方面而实现，包括以文化为基础，自主发展、积极参与到社会中。有关
核心素养的内涵与框架构建，许多学者分别站在不同视角对其展开了分析，
并提出自身的看法。例如：钟启泉指出，核心素养中的"核心"体现在哪
里？崔允漷提出：核心素养究竟是什么？其在教育领域中到底能够发挥怎样
的作用？综上可以看出，尽管有关核心素养的相关研究很多，在学术界仍未
对其的定义得出统一结论，但已初步达成某些共识，即核心素养的核心就是
有关培养人的问题，既是现阶段的教育目标，又充分表达了教育价值愿景[②]。
在构建核心素养框架方面，虽然不同的国家和地区的理念基本一致，但在具
体内容的实施方面却各具特色。

---

① 孙晓晨 . 小学数学教学中数形结合思想的运用与研究 [J] . 小学生（下旬刊），2023（02）：
10-12.

② 李燕 . 新课标下提高小学数学课堂教学有效性的路径 [J] . 小学生（下旬刊），2023（02）：
28-30.

2.1.2 基于核心素养的课程教学变革

国外对以核心素养为基础开展的课程教学改革方面的研究越来越多，且受到许多国家和地区的广泛关注。基于核心素养的课程设计需要将其与各学科课程相融合。如，新西兰对各学科课程开展的核心具有明确规定，即遵循国家制定的核心素养，包括思维素养，理解语言、符号及文本的素养，自我管理素养，参与贡献的素养以及与他人互动的素养共计五种。法国则制定了相关教育法规，以实现核心素养指标与课程目标的有效融合。美国在以核心素养为基础的课程改革则体现在核心科目与 21 世纪议题相互结合上。除此之外，我国台湾地区也通过核心素养不断对课程进行改革，以培育健全国民与终身学习者，作为各领域 / 科目垂直连贯与水平统整课程设计的核心①。由此可见，核心素养已经成为世界各国的关注焦点，已有越来越多的国家及地区，以自身的具体情况为依据，结合核心素养的核心内容，建构与之匹配的框架体系，从而实现课程教育改革。

以核心素养为基础的课堂教学变革也逐渐成为我国教学领域不断深入展开研究的重要课题。核心素养对于课程教学改革的未来具有深远影响，是推进教学变革的重要助力。著名学者崔允漷曾指出，核心素养在课程发展中的重要性毋庸置疑，是当前教育目标实体、课程目标的来源、内容处理与教学实施的 GPS、学习质量评价中的重要参考依据。另有学者指出，以核心素养为基准的课程发展，要求研发者与科任教师均要在"核心素养—课程标准（学科素养 / 跨学科素养）—单元设计—学习评价"的流程中，将核心素养作为着手点进行运作。学者田姜字等通过研究提出，应将核心素养与课程的融合作为基础，将基于核心素养的课程改进作为根本，将强化教师理解核心素养作为关键，将以核心素养为基础的考试指导评价作为抓手。

培养学生的核心素养应在各学科核心培养培育的基础上实现。在核心素养相关研究的不断深入，以及研究成果越来越多的前提下，有关学核心素养

---

① 拉毛草，董连春，何伟 . 少数民族数学文化融入小学数学教学的实践与探索——以藏族数学文化为例［J］. 数学教育学报，2023，32（01）：38-46.

的研究也在不断增多，其主要指的是各学科中核心素养的具体表达，亦是核心素养密不可分的重要组成。核心素养既是各学科核心素养的精华所在，也是对各学科素养的综合与概括。不同的学科对于核心素养的内涵也有着不同的阐述，并构建了相应的框架。以数学学科为例，其核心素养的前提是具备本学科的基本性质，并对个体及社会未来发展有着重要影响的思维、品格以及各项机能。以数学抽象、逻辑推理、运算及数据分析能力为主[①]。另外，我国教育部于 2017 年颁布了有关课程教学改革的相关条例，即《普通高中课程方法和数学学科课程标准（2017 年版）》，更是推动了以核心素养为基础的课程教学改革。学科核心素养是各学科课程开展的主要目标及价值所在。为了确保学科核心素养的顺利实施，各学科均需要实施相应的教学改革，并对以往的传统教学模式进行改进，以促进学生核心素养的培养。总之，在培养学科核心素养基础上实施教学改革，已成为国内课程与教学改革的正确导向。基于学科核心素养，与之相关的课程标准及教学方式均应不断进行改进和变革。因此，以学科核心素养的角度，对小学数学课程实施现状展开分析与探讨，是现阶段课程教学的关注重点，更是未来发展的研究趋势。

2.2 小学数学课程实施相关研究

2.2.1 境外小学数学课程实施的研究

小学数学课程改革方案的制定与实践应用是当前数学课程研究的核心所在，境外对于小学数学课程的改革也给予了高度重视，且相关学者对改革实施的研究也在不断深入。通过文献查阅发现，此类研究的焦点以数学课程实施的现状、特点以及研究视角和工具为主。

---

① 加虎杰.农村小学数学学困生学习兴趣现状及激发策略研究［J］.农家参谋，2023（03）：156-158.

（1）小学数学课程实施的现状及特征

以新加坡小学数学课程的改革为例，其核心理念以为小学生创造大量的活动经验，使其具体及表象经验得到发展为主，并以此为基准，逐渐对其抽象思维能力进行引导。同时将课程实施转变为以 CPA（Concert- Pictorial Abstract）与数学课程有效融合的方式。在小学数学课程的实施中，将 CPA 模型与"模型图"的重要方法相结合，能够促进新加坡小学数学课程改革理念及内容落实的有效性。而美国的小学数学课程则以"分权"模式呈现，其课程标准尚未在全国达成统一，教材的编制、出版以及选择等方面均是市场化运作的结果。由于美国的教学模式主要为教师包班教学，教师在教学过程中拥有较多权利，可自由发挥的空间较大，因此，在教材的选择方面有一定的决定权。以具体的课程实施特征为例，美国教师在课程开展中常常以均匀分布、重复性高的模式呈现。即在年级相同的情况下，针对涉及较为广泛的课程内容，在年级之间存在的重复性较高，内容的区别性较小[①]。鉴于美国教学特点为同一个年级的涉及较广，所以，教师在教学过程中，在某一个知识点上停留的时间不能过多，也就导致深度教学的开展存在较大难度。有研究者就我国内地与香港、台湾等地区的小学数学课程实施特征展开了对比，并以课程的实施为前提，探究台湾课程的实施以激进改革与快速回归的特点为主，香港则在循序渐进的发展中，逐渐淹没于教学改革的大潮中，内地的特点则是以加速改革与理性回归为主。

（2）小学数学课程实施研究视角与工具

在课程实施的相关研究中，TIMSS 也给予了重点关注，涉及的课程模型包含预设、实施及获得三个方面，课程开展的目标则为：对学生的数学学习成果加以重视，并在此基础上对数学学科的教学、学习等过程进行改进和完善。在以 TIMSS 等国际比较项目针对美国课程研究后发现，美国的数学课程可概括为"一英里宽一英寸深"[②]。再者，从课程标准着手展开课程实施的研

① 拉浪草 . 小学数学教学中农村留守儿童自主学习能力的培养策略［J］. 农家参谋, 2023（03）：159-161.

② 李媛 . 小学数学教学中如何有效运用体验式学习［J］. 小学生（中旬刊）, 2023（02）：25-27.

究。由美国学者研发而成的 SEC 模型，具有显著的一致性特征，并在有关数学课程实施的课题研究中得到大范围应用。该模型主要侧重于对教师教学内容及实践方法的关注，从而对其教学水平进行检测。例如，美国有学者在就数学课程的实施展开研究过程中，通过教学内容的调查（调查内容有：课程实施的主题标准及对内容标准的认知情况）与教学实践的调查（调查内容有：教学活动的开展，教学理念的转变，教师的专业度、特点及背景，学校与学生的主要特征等），对教师在教学过程中的深度及广度数据给予协助。除此之外，针对课程改革创新点的关注度情况，美国相关学者通过创建了关注为本采用模式（CBM），对教师在课程实践中的实施水平进行检测，其目的主要为了对教师的关注程度及相应的阶段进行全面了解。

由此可见，国外一些先进的国家和地区在小学数学课程实施方面的研究，不仅开展的时间较早，且已发展至成熟阶段。不同国家和地区在实施现状与特点方面的差异性较大，可谓各具特色。但在研究取向方面均以实证研究为主，而且应用的课程实施研究工具较为成熟，同时，在研究过程中，比重占据较大的为量的研究。

2.2.2 国内小学数学课程实施的研究

在我国，有关小学数学课程实施的研究已成为小学教育阶段理论及实践关注的重要课题之一，且已获得丰富的研究成果。下面就国内小学数学课程实施相关研究的历程及相应的维度进行介绍。

（1）小学数学课程实施历程与特征：以数学课程改革为焦点

在数学课程改革进一步深化和推进的背景下，有关数学课程实施的研究也在不断深入[①]。2001 年之前，国内的数学教学义务教育主要遵循九年义务全日制小学数学教学大纲；而在同年 9 月份，国内的第八次基础教育课程改革开始正式实施，自新中国成立以来，此次改革的意义非凡。在数学课程改革进一步深入的基础上，教育部又于 2011 年颁布了《义务教育数学课程标准

① 史诺 . 新课标下小学数学教学中如何运用探究式教学模式 [J]. 小学生（中旬刊），2023(02)：70-72.

（2011年版）》。2022年颁布了《义务教育数学课程标准》，认为义务训练阶段的数学课程是培育公民素养的基础课程，具有基础性、普及性和进展性；数学课程能使同学把握必备的基础学问和基本技能；培育同学的抽象思维和推理才能；培育同学的创新意识和实践才能；促进同学在情感、态度与价值观等方面的进展；义务阶段数学课程能为同学将来生活、工作和学习奠定重要的基础。小学数学课程改革的推进与落实情况一直是相关课程研究的核心重点，包括的环节主要有文件课程、实施过程以及学生的所得多个方面内容[①]。

（2）不同视角下的小学数学课程实施特征

针对小学数学课程实施的相关研究，其差异性主要在于研究视角的选择。通过对以往的小学数学课程实施研究分析不难发现，其视角主要集中在教师视角与学生视角。

①基于教师的视角：观照课程决策、关注阶段和实施水平

在课程教学中，教师不仅是实施主体，其对课程的实践程度更是评价课程实施水平的关键指标。在以教师视角为出发点，对以往开展的研究实施梳理后发现，其研究的焦点不外乎：教师对文件课程的落实情况、在实施课程中的行为情况以及课程教学完成后能够达到的水平如何等，并将核心放在教师对课程决策的特征方面。

在我国，对小学数学课程实施研究开展较早的为马云鹏教授，其在以质性研究的方式，就小学数学教师在实施课程期间的主要表现特征有了更高的认知度，并以教师课程决策为特征展开研究后指出，其特征主要包含教学方法实施、教学内容实施以及教学目标实施等方面[②]。通过调查研究发现，农村教师在教学中还是以参考教材及相关材料为主，城镇教师则会侧重于练习难度较高的习题。尤其在教学方法层面，城市教师与农村教师之间存在较大差距，从而导致小学数学课程实施的具体情况和相关文件的规定具有一定的差异性。有学者在针对小学数学课程实施的相关研究中，将一所农村小学作为实验对象，目的是调查新课改实施以来的数学教学情况。在学校的整体状

① 赵志颖.小组合作学习在小学数学教学中的实践［J］.小学生（中旬刊），2023（02）：37-39.
② 李红霞."问题驱动"下的小学数学教学探究［J］.小学生（中旬刊），2023（02）：61-63.

况了解中，以课程实施的管理体系、保障体系以及参与课程实施人员的现状为基础，并通过对相关数学教师的决策特征观察，而对小学数学课程实施的真实现状及特征进行全面了解。另有学者就义务教育阶段数学新课程的实施情况展开调查，调查结果显示，教师对于新教材的适应度较高，且能够完全掌握新课程提出的新理念。除此之外，有学者将源于 Promoting Rigorous Outcomes in Mathematics and Science Education（PROM/SE）项目中成熟的课程实施量表最为研究工具，并通过以下三方面展开详细调查，包括教学内容、时间以及课程准备 ①。研究结果提示，现阶段国内教师之间存在的差异主要在于教学内容的选择上，即国内大部分教师的教学时间主要停留在算术、算术过渡以及几何等内容的教学中，而选择统计与概率和代数相关内容教学的教师寥寥无几。在年龄不断增长的同时，国内教师用于算术的教学时间也在逐渐缩短，而在算术过渡与几何等相关内容中的时间逐渐增加。不仅如此，随着学生年级的升高，多数教师在知识点的准备量方面也在不断增加。

就数学课程实施过程中的关注阶段与教学水平给予重点关注。在基于关注为本采用模式的基础上，借助量化工具，对教师在小学数学课程实施过程中的关注阶段特点与实施水平如何进行检测。如学者彭爱辉在结合关注为本采用模式"（CBAM）的基础上，针对欧美成熟度较高的关注阶段问卷实施了改进与优化，并对中西南地区 200 余名小学数学教师在新课程实施过程中的关注阶段展开调查，结果表明，多数小学阶段的数学教师均处在任务关注阶段。也就是说，大部分教师在课程实施中，对于备课、班级人数以及教学资源等方面较为关注，且自我关注度较低，即其不会担忧自己是否能够适应新课改。尽管数学新课程以精致啊这部分地区进行全面实施，但与较高水平的实施仍存在较大差距 ②。此外，有学者将"关注为本采纳模式"中的课程实施水平工具，应用于个别小学数学教师的课程实施水平的评价中，以 4 名小学数学教师作为实验参与者，通过知识、信息获取分享、评估、计划、观念以

① 王颖 . 新课改背景下绘本融入小学数学教学的实践［J］. 小学生（中旬刊），2023（02）：85-87.
② 马世梅 . 小学数学教学中培养和提升学生逻辑思维能力的要点分析［J］. 小学生（中旬刊），2023（02）：136-138.

及执行状态等方面，调查试验参与对象的课程实施情况。由此可见，以教师视角对小学数学课程的实施展开相关研究，其关注点集中的方面较多，包括教师的行为、课程实施的阶段与水平等，研究侧重点则集中在课程调试、创生以及忠诚课程取向，研究方法的选择则以质性方法及量化方法为主。

②基于学生的视角：以学生"习得课程"考察课程实施

数学改革的核心在于人才培养的落实。在课程实施研究中，随着以教师视角研究的不断开展，也有许多学者将目光转向学生视角，并对给予其所学课程更多的关注。在了解学生对于实施课程的切身体验以及各方面能力的发展情况后，对小学数学课程的实施现状展开调查。在对以往展开的研究进行梳理后发现，以学生视角对于数学课程实施研究，主要侧重于以下几个方面：首先，通过学生在数学学习中的态度变化以及能力发展，检验课程实施情况来说，有学者通过追踪研究设计的方式，就新课改后的小学生数学学习效果展开探究。研究内容除了包括学生对数学学习的兴趣及素养是否提升以外，还包括数学的基本理解、计算、解决问题等各方面能力是否增强，以及数学交流与应用意识是否提高等方面。除此之外，另有学者通过研究提示，小学数学课程实施新课改政策后，学生在基本知识的理解与解决问题能力方面均有明显改善，且明显优于接受传统模式教学的学生，但在基本技能方面二者之间未见显著差异。有学者就新课程的实施情况，对甘肃省农村初中学生展开的问卷调查，结果显示，新课程的实施效果良好，多数学生在新课程实施后表示更加喜欢数学课，且对新教材的满意度相对较高，学习态度、方法等方面均明显改善。其次，就学生核心素养发展水平的测量，检验课程的实施情况来说，有学者以高中课程标准修订组专家提出的 6 个数学核心素养为依据，构建三级指标体系对其水平进行划分，研究工具以某省 2016 年度的中小学业质量监测的测试题目为主，针对省内 8 万余名学生展开测试，并对数学核心素养的分数进行统计分析。结果显示，参与学生在核心素养上的达标情况良好，但总体来看，学生数学核心素养的发展情况尚未达到均衡水平，某一方面存在较为严重的两极分化情况，且在区域不同、学校类型不同等情况下，学生的核心素养水平也存在较大不同，但在性别方面均不存在差异性。

另外，还有学者对教育效能的课程实施情境测量进行了研发，并获得较为理想的测评工具。通过上述分析不难发现，站在学生视角对课程实施展开研究，多采用量化方法，同时在借助调查问卷与相关量表展开学生各方面的分析，包括学习态度的转变，数学能力的提升以及素养的发展水平等。课程实施的核心目标为培养人才，对学生习得课程的关注，也是数学课程实施开展研究的重要话题之一。

③小学数学课程实施的影响因素分析

针对小学数学课程实施相关影响因素的探究，当前以新课程实施期间产生的影响因素的分析为主。这些影响因素多集中在以下几点：教师未能对新课程展开深入透彻的了解；新教材距离农村学生的生活距离较远，而且习题较少；教学设施及师资力量不足以匹配新课程的实施；以分数作为主要评价依据的模式呈现出反弹迹象；课程实施过程中的城市与农村差距较为明显，导致农村地区的实施存在一定难度；需要强化对数学教师专业理论及教学技能的培训；教师对《标准》的理解度明显不足；教师对于新的教学方式掌握不够熟练等。同时课程资源建设也是重要因素之一，且有关新课程的评价体系需要进一步完善。大量的实际调查与访谈结果显示，新课程实施后，教师与学生均发生巨大变化，但依然存在一些弊端，包括学生的自信心有待提升、主观能动性有待加强，部分学生融入教学活动较慢，教师与学生，学生与学生之间的交流较少；作业繁重、仍以考试成绩进行排名，评价制度无法切实落地等。通过上述分析发现，对小学数学课程实施产生重要影响的因素较多，且具有一定的复杂性，多集中在课程文本、教师、学生、课程资源以及学校管理等方面。另外，城乡差异也是导致影响因素不同的主要原因。

④促进小学数学课程实施策略的探讨

目前，针对小学数学课程实施促进策略的探究也逐渐趋于成熟。有学者就小学数学课程的实施与改革提出了相关建议：设置开放且具备弹性化的课程实施模式；在编制教学大纲与教材过程中，应确保其灵活多样；重视对教师专业性的培养与提升。除此之外，还应对教师在新课程是时候的角色转变予以足够的重视。有学者通过研究指出，在新的数学课程改革实施过程中，数学教师的专业发展也应与时俱进，在转变教学理念的同时，不断汲取新的专业知识，以促进专业能力的提升，满足新课程实施发展的需要。有学者针对如何能不断推进新课程的顺利实施展开分析，并指出要想新课程改革顺利进行，首先需要教师对课程进行全面了解，并在课程的实施过程中配备必要的资源设备；此外，相关领导也要给予重视，主动参与到课改实施中来，创建优秀的校园文化，对教师作出科学评价。有学者在以学科核心素养为课程实施价值诉求的基础上，对课程实施现状展开调查，同时指出，在学科核心素养为基准实施课程的过程中，应从学生的经验处着手，将文本的深层互动作为依托，采用积极的方式，探究理论知识与实践意义的关联性，并就课程实施过程中的潜在问题予以妥善解决。由此可见，针对小学数学课程实施促进策略的研究，也应从多个层次及多样性出发，将多个主体进行结合。并将重点放在教学大纲、课程标准的完善、教师专业发展、课堂教学改进、学校文化氛围、学校管理和评价方式、课程资源开发等方面。

2.3 新课程背景下小学数学有效教学策略的理论依据

2.3.1 建构主义理论

建构主义代表皮亚杰提出，个体在同化及顺应的基础上，与外界产生相互作用的结果，是自身构建对外界认知的主要依据，并在将自身知识结构进行转变的同时，促进认识水平的提高。建构主义认为，教学是促使学生最相关知识进行主动建构的重要助力，且知识是学生与外界接触且相互作用产生的结果，在学习过程中，学生对知识的汲取应是积极而主动的。也就是说，在接受知识时，应依靠自身的理解或者他人的帮助等一切外在条件，而非被动地等待。由此得知，自我构建对于学生知识的学习具有深远影响，教学过程中的教与学，不再仅限于教师传授知识与学生被动学习，而是促使学生在与外界环境的接触中，主动进行自我构建。类似于建构主义，多数学者指出，学习者在面对所学的知识时，首先要进行深入理解，而自我建构则是深入理解的重要前提。在此背景下，学习者会将掌握的知识和外界环境、信息等进行有效结合，从而积极发现新旧知识之间存在的差异，以及如何将二者进行平衡。以建构主义理念为依据展开的研究发现，若教师运用的教学策略能够对学生进行积极引导，使其能够主动参与到学习中，并未学生的自我建构创造必备条件，维系师生间的互动与协作。对于学习结果，多会以批判性思维展开问题的思考，同时结合学生的理解与感受，对课堂教学效果实施客观评价。作为自身学习的自我建构者，学生多是基于自身经验之上，而对外界的意义进行构建。大量的知识均是学生通过主动建构而获取，而非一味地灌输与传授可以实现。

小学数学教学过程是在特定环境下，学生能够主动与外界进行建构的过程，并非教师的灌输与学生的被动接受过程。教学期间，教师往往或依靠交流、互动、协作等方式，促进学生的自主学习。学生则是基于自身生活经历的基础上，赋予实践行动，并在不断探究、互动、协作的过程中，实现自身的全面发展。在明确学习者主体地位的基础上，还要对其他人的学习进行确认，尤其要给予教师的指导作用更多关注，这是因为在一定程度上，教师已经体现了现有文化。所以，建构主义思想在小学数学教学策略的实施过程中给予了以下启示：首先，应对教学目标的层次性加以重视；其次，应对教学情境的生活化予以更多关注；最后，应侧重于课程评价的有效性及差异性。

2.3.2 加德纳的多元智能理论

20 世纪 80 年代，美国著名的心理学家加德纳提出了多元智能理论。传统教学模式的开展中，学校级教师更侧重于学生的语言、逻辑数学等方面的智能，但事实证明，仅凭这些判断人类的智能存在较大局限性，智能组合在不同人群中具有明显的差异性。因此，多元化的认知功能，也可通过多元智能理论进行显示。其核心理念在于，智力的性质既不是单一性，又不能进行测量，更不是与生俱来的能力。不仅如此，其还反对在学习活动的开展中，对学生的情感教育及素质发展进行忽略。自多元智能理论诞生以来，至今已有 30 余年，更是得到了全球范围内的大范围关注，并已成为境外一些国家和地区实施教育改革的指导性意见。多元智能理论主要是在明确人类潜能，同时对个体的差异性给予高度重视的理论。加德纳认为，人类的智能并非单一性，而具有多样性特征。不仅包含已知的数学逻辑以及语言能力，还包含生存、自然观察、音乐节奏、人际交往等多项智能。每一位学生所表现的个体智力差异，均是产生于这些智能的不同组合之中。但由于智能的发展过程不具均衡性，且无法对其进行预测，个体不同其表达方式及时间也存在较大差异，部分人群的表达时间较早，也有些人的表达时间较晚，因此，在学生的智能类型判断中应避免为时过早，以免对其智能发展产生不利影响。加德纳教授通过研究指出，每个孩子，都是一个完全独立的个体，且还是未被发现或者未能表现出自身不同之处的天才，只不过其智能体现的行为方式存在一定差异。针对孩子的教育方法，应选择有助于孩子未来发展，且能够帮助其寻找自身亮点，使其能够在此获得满足。但在实际的教学过程中，大部分教育者均忽略了这些方面，因此，为所有学生实施的教育方法也是统一的。

相比于新课程改革的目标，多元智能理论与其基本相符，其既能促进个体的全面发展，又能推进小学数学教学有效策略的实施，同时还能为新课标的实施与适合学生发展评估体系的构建提供重要参考。多元智能理论将尊重学生的个体差异作为理念，其核心观点也主要围绕学生而展开，包括核心的学习观、丰富的课程观、多元化的教学观与评价观，这时确保数学教学有效性的重要因素。此外多元智能理论还是小学数学教学有效策略实施的重要理论依据。

《标准》侧重于个性化教学，并明确了数学的教学目标，即致力于每个学生需求的满足，依次使其得到身心的全面发展。多元智能理论的核心在于，尽量让每个学生都能受到适用性最强的教育，以促进其最大限度地获得更好的发展，教师也要端正态度，正视学生的个体差异。多元智能理论在确保学生能够获得个性发展、全面发展以及综合发展方面提供了重要的支持理论。总体来说，多元智能理论在小学数学有效教学策略实施过程中的主要影响在于：首先，其是对传统学生观的突破，促使教师能够对学生进行全方位了解，发掘每个个体的优点与不同之处，只有这样，才能符合新课程标准提出的度学生的个性发展给予更多关注的理念。其次，在该理论的实施中，促使教师更新了传统的教育观念，使其能够对学生的智力特点展开了解，并以鼓励与赏识的态度面对学生，从而改变以往一味注重逻辑智能与语言智能培养的局面。所以，小学数学教学过程中，教师对于学生的评价不应仅限于语言、数学逻辑等方面，而是应注重学生的全面发展，不单单要关注学生的成绩好坏，还要将培养学生的实践创新能力放在重要位置。

2.3.3 巴班斯基的教学最优化理论

著名教育家巴班斯基提出了著名的教学过程最优化理论，其对全球教育改革均具有重要意义。该理论的核心理念在于寻找适用教学过程的理想方案，并以辩证的系统方式对教学教育过程进行研究和优化。教学中的最优化，指得是教师应以最正确、最适宜的教学模式，确保组织教学的合理性，从而达到教学程序的最优化。而并非以某种特定且单一的方式展开教学。与此同时，教学最优化还要求教师在教学期间除了要注重教学规律与任务及形式的相互结合以外，还应对教学特征予以关注，同时明确安排整个教学流程，且上述一系列措施的实施，均需建立在确保教学效果有效的基础上展开。巴班斯基通过研究指出，最优化教学指的是师生的学习时间要在短于学校规定时间的前提下，为教学在学生发展、教育与教养等方面提供重要保障的同时，获取最为理想的教学效果。而如何实现教学的最优化不仅是教学过程中常见的主要问题，更是解决问题的关键。

在教学过程中，我们应以辩证的视角，同时筛选出最佳条件及方案，以确保教学内容、教学任务、教学形式以及方法均处于理想状态。只有满足上述条件，才能真正促使教学质量的全面提升。此外，巴班斯基还指出，最优化教学是相对而言，并非绝对。某种特定方式在相应的环境下为最优方法，但在不同的环境下，其未必是最优的。所以，教师在开展教学活动之前，应对不同的教学方法进行全面了解，并在结合学生的具体情况后，筛选出适应性最强的教学方法。综合上述分析，我们发现，最优化教学理论在小学数学有效教学策略实施过程中的主要影响在于：其一，教师要对教学任务进行合理规划，以确保教学活动的选择与实施更具合理性、教学内容的适应性更强，从而完成高质量的教学任务。其二，教师在教学内容的筛选中，要就主次进行明确划分。其三，教师要注重教学策略的拟定与优化，以确保最优化教学的开展。除此之外，小学数学教学实施中，教师还应明确其核心任务，即在合理化组织教学的前提下，促使教学质量及效率的提升，同时，不会增加师生的课业负担。

2.3.4 后现代教育理论

后现代教育理论是基于后现代思想作用而不断发展而产生，其不仅具备强烈的否定性特征，且还具有一定的批判性，主要为现代教育的不足而生。作为后现代教育理论代表人物之一的吉诺斯，提出了著名的"批判教育学"，其是建立在美国现代教育体系的批判之上。该理论提出，教学应是开放式的，且提倡相互沟通交流，对差异性加以重视，侧重于平等，鼓励创新。后现代教育理论给予了教师明确要求，即教师应对符合教学准则的规则、方案及相关标准具有容纳性，且能确保教育发展的自由性，同时将那些枯竭僵化的教育方法进行摒弃。后现代教育理论认为的教育目的为：教育应该为具备批判能力，且能认清优势文化主导权力及文本的集权性创造有利条件，并具备一定的挑战性，同时对自身的生活经验能够完全肯定的人才。教育的目的在于帮助学生树立社会责任感，教育的目标则是确保家庭幸福成员和谐、社会安定乃至辐射到国家和平，创造出更为安定、协调的环境维持社会的稳定性。后现代教育理论要求小学数学教师在开展教学活动中，应在认清并尊重学生个体特征的基础上，为学生创造足够的发展空间，使其能够充分发挥自身的长处和优势。

2.3.5 马克思主义关于人的自由全面发展理论

关于人的自由全面发展理论是马克思主义的重要理论，在我国哲学界的影响较为深远，主要体现在以下几个方面：首先，人类的体力与智力应在和谐的基础上得到高度发展。其次，人类的思想品德与审美更各方面能力也应获得全面发展。最后，人类的才能与志趣也应获得多元化发展，才能促使个体尽快成为有能力的人。马克思主义关于人的自由全面发展理论的提出，其意义主要在对人的地位与价值进行肯定，并意识到人应该最大限度地全面发展，包括德、智、体、美、劳等多个方面。同时，该理论指出，教育与人的发展存在密切的相关性，应该尊重人的个性，使其能够自由发展，且教育在此发展过程中起到决定性作用。自由全面发展理论在小学数学有效教学策略实施过程中的主要影响在于：其一，学生在学习的多个方面均存在较大潜能，包括自主学习、合作学习、研究性学习等，教学活动开展中实施的策略，应在结合学生发展潜力的基础上展开。其二，该理论指出，每一个个体都存在各方面潜能，教师只要为学生创造最佳条件，并激发其主动参与性，就可能促使学生得到最理想的发展状态。所以，教师应在学生学习数学的过程中，为其创造良好条件，使其能够发挥潜能，并获得全面发展。

2.4　新课程背景下小学数学有效教学的教学理念

2.4.1　有效教学关注学生的进步与发展

在本次研究中，进步指的是学生朝着好的方向发展，发展的本质是摒弃旧事物，迎接新事物，完成全面更新的整个过程。进步与发展不可相提并论，进步代替不了发展，发展也不可能代替进步，进步指的是发展方向向前，而发展则是质变与量变的结合体，既包含积极向上的变化，又包含负向变化。教学是否有效主要通过学生的进步与发展进行衡量，学生是否获得良好发展或者取得更大进步皆是评价教学是否有效的重要依据。学生的进步与发展指的是学生能够获得全面而持续性发展，即在三维目标的基础上，获得的进步与发展。现阶段教学工作的主要任务在于，教师以高质量的教学效率推进学生的不断进步与良好发展，同时以最理想的教学效果促进学生的良性发展。重视教学效果的有效性，需要在如何实现有效教学的基础上实现①。新课程在实施过程中，倡导教师与学生之间进行相互交流，学生之间相互合作，同时对学生的态度与主观能动性加以重视，并将阶段性的教学目标设定为学生取得了较大进步，获得了良好发展。由于学生之间存在较大的差异性，且基础知识的把握与学习等各方面能力也有较大区别，所以，获得的教学效果与预期也会存在一定差异，学生只要能够达到自身所能获得的进步与发展，就应确认教师教学的有效性。

通过本次研究，笔者对于有效教学的认知也有了一定的提升，即教师所选的教学方式有助于学生的健康成长，且应就其在教学中主体地位进行明确，尊重个体差异，为每个学生服务，对学生的进步与发展给予足够的关注，通过三维目标的实现，促使学生身心健康发展的教学模式。总之，判定教学是否有效，需要以学生的表现为依据，教学质量的高低则应以学生获得的具体发展状况为依据。

2.4.2 有效教学关注教学的时间与效益

注重教学效益作为教学有效性的核心，要求教师具备准确的时间理念与效益观念，不可一味追求教学内容的多少，而忽略学生获得了多少知识。且在教学效益的理解方面，教师应摒弃教学效益就是减少教学时间的错误观念，不能仅凭主观感受。教学效益应该以学生在单位时间内的学习阶段中获得的成效进行评价，而不应该以教师增加了教学内容而使得效益提升。教学效益具有一定的特殊性，鉴于教学行为属于具备复杂性的综合行为，对教师教学行为产生影响的重要因素包括教学目标与内容的制定，教师专业素养的高低以及学生的准备程度等。所以，在针对教学效益时，应以全面的角度看待。决定教学效益好坏的因素，并非教师的教学内容与辛苦程度，而是学生表现的学习效果。基于新课程背景下，教师应对教学观念进行全面革新，并展开

---

① 张晓艳．"双减"背景下小学数学教学的策略探讨［J］．天天爱科学（教育前沿），2023（02）：31-33.

评判和反思，并对教学效益予以重点关注。要想尽快实现教学的有效性，就务必要促进学生学习的高效性，同时对读死书、死读书的学习方式进行改变，对教学内容做到真正理解，熟练掌握[①]。不仅如此，还应调动学生的自主性与积极性，并从自身做出改变，以此确保教学效益的完成。教师在开展教学活动时，应将教学效益目标放在首要位置，杜绝形式化。教师应用的教学策略是确保教学有效性的必备条件。教师要有教学准备、教学实施与教学评价的一系列策略性知识。

2.4.3　有效教学关注教师的反思与创新

杜威指出，在人具备的所有思维形式中，以反思思维为最佳。所谓反思思维指的是，教师在以自身教学经验为依据的前提下，针对存在的教学结果，遵循教学规律，并展开积极、持续而严谨的思维方式。教师在开展自我反思过程中，多是在自身具备较多教学实践，并不断进行深刻反省而对自我行为及情绪进行调节，同时将自身的知识与信念展开整合。教师的自我反思不仅有助于自身教学实践的改进，专业能力的提升，还能帮助教师不断深入探索发现并解决实践中容易发生的问题，最终使自身的教学能力得到提高。通常情况下，人们会将反思以对象的不同而划分为多个类型，包括反思教学策略、反思教学理念、反思教学设计以及反思教学实施等；以反思时间的不同可分成行动过程之前、过程之中以及过程之后；以反思的呈现方式不同可将其分为内隐及外显的反思两种。此外，教师在授课前、授课中及授课后都应展开深刻的自我反思，并通过反思对教学过程中的问题进行思考后，进行改进和创新。只有在开展教学活动的全程展开不断反思，教师的专业水平与教学能力才能得到提升，从而调动学生的学习热情，获得高质量的教学效果。教学反思主要针对以往的教学过程展开自我反省，是开展教学思维，获得良好效果的有效途径。

一般情况下，教师需要通过五个方面展开教学反思与创新，包括为学生

① 逄柠菲.小学数学教学中融入教学思想方法的探讨［J］.天天爱科学（教育前沿），2023（02）：121-122.

创造能够促进学习的良好环境，确保学生学习机会的多样性，给予学生更多的理解与关爱，明确教学目标及组织内容，想方设法促使学生学习的中积极主动①。在新课改政策下，教学反思的理念也随着更新，即教师的反思对象主要为自身组织开展的教学活动，同时应用全新的教育理念对此项活动展开深刻的反思，并不断对教学过程进行审查与规划，展开教学效果的评估与反馈，最终以教学反思的结果为依据，对教学过程中的自身不恰当行为进行改进和优化，以达到确保教学质量提升、教学效果有效及师生共同发展的目的。为了促进小学数学课堂教学实施的有效性，教师需要在课前课中及课后不断展开反思，并以此为依据进行改进和创新。小学数学有效教学策略关注教师的反思与创新。教师要时常对自身的教学行为、理念等进行反思，在及时发现其中存在的不足之后，展开对问题的积极处理，及时发现自身的缺陷，展开针对性完善。在此过程中，总结出最为适用的小学数学有效教学策略。

2.5　新课程背景下小学数学有效教学策略的基本要求

2.5.1　以学生发展为本

现阶段，我国针对教育领域展开深入改革的重要文件之一，莫过于《国家中长期教育改革和发展规划纲要（2010—2020 年）》。纲要中明确提出，应通过减负而解决国内中小学生的学习与课业较为繁重的现象，同时促进教学效率的提升，并将有效教学认定为未来国内教育改革发展的重要任务之一。其体现的不仅仅是我国教育改革与发展的指导思想，更是教育改革的重要工作方针，因此具有重要意义。中国教育发展的核心当属"促进每一位学生的发展与进步"。在此核心思想的指导下，教师应遵循"以学生发展为本"的教学理念，不仅要对每个学生的发展予以关注，同时还应为其全面可持续发展

---

① 赵艳丽.探究立德树人背景下如何在小学数学教学中融入德育［J］.天天爱科学（教育前沿），2023（02）：144-145.

提供重要保障。我们的教育对于教师有着明确要求，需要教师在开展教学活动中，应以学生的身心发展规律为指导，对学生个体的差异性予以尊重，尽最大努力学生创造适用性更强的教育模式，成为学生在学习与发展过程中的主要助力，使其在健康成长的过程中不断获得强烈的自我效能感。不仅如此，在遵循以学生为本的前提下，教师一方面要对每个学生的身心全面发展加以重视，另一方面还应注重学生的个性化发展，在教学中致力于提升教学有效性，为学生展开针对性教育。从而让每一个学生都能获得全面而良好的发展，并给予其兴趣、爱好等方面更大的自由发展空间。小学数学教学有效策略开展是否顺利，主要取决于是否坚持以学生发展为本的教育理念。只有在此理念的指导下，才能促进学生的发展，使其能够成为自己生活的主人，自主创建和谐美好的生活。遵循以学生发展为本的教育理念，明确学生在教学中的主体地位，确认学生为发展主体，且具有完整而独特的个性特征，教学的目的在于构建学生的主体性。因此，教育应该为学生的全面、和谐、可持续发展而努力。

2.5.2 预设与生成的辩证统一

新课程背景下的小学数学教学，是教师与学生之间展开的互动教学，是动态的、开放的过程，并非以往的知识灌输与静态教学。动态交流教学活动的开展，通常会存在较多的不确定因素及生成性。在此前提下，生成性在新课程教学中的作用更为凸显。生成指的是教学活动开展中，对学生学习三维目标的达成情况予以重点关注，并以教学的具体情况为依据，针对教学中的各个要素展开整合处理，以此确保教学效益的最佳。所以，生成除了具备动态性特征外，还具备多样化特征。预设则是教师对自身的课堂教学活动进行尽可能多的预测与安排，调整与控制①。课堂教学的顺利开展需要以合理规划及明确目的为前提，因此要求具备预设。同时课堂教学还具备承担引导、塑造与提升人的责任。所以，预设与生成是新课程课堂教学中新的矛盾组成。

---

① 陆秋红．浅析构建小学数学高效课堂的策略［J］．天天爱科学（教育前沿），2023（02）：185–187.

二者为相辅相成、辩证统一的关系，生成源自预设，没有预设也就不存在生成。预设中以教师作为主体，生成中则以学生作为主体。教学策略的有效实施应在教学过程中的预设与生成中体现。教师为达到一定的教学目标而制定适应的教学行动方针和实施方式是预设，只有鼓励学生积极参与到教学过程中，才有可能达到生成效果。所以，教师应在筛选有效教学策略的前提下，实现课堂教学的动态化，才能实现教与学的统一。在有效教学策略的实施中，进行充分预设起到了决定性作用，其不仅是生成完成的基本条件，更是教学能否顺利进行的重要保障。教师要着眼于全体，立足个性，使预设具有丰富的弹性，留有足够的空间，促进学生的发展。若教学失去了预设与生成，那么也就不会获得更高的效率。通常情况下，可将教师看作预设和生成的实现之间的桥梁，只有在预设充分的前提下，才能获得有价值的生成。但在实际教学活动开展中，教师也不要给予预设过多的依赖性，而是应以课堂的变化为依据对其展开科学调整，进而实现科学处理预设与生成的辩证统一关系[①]。所以，有效教学策略具有典型的动态性，需要应变的灵活性。在小学数学教学过程中，教师要正确处理好预设与生成的辩证统一关系，达到最有效地进行教学。

2.5.3 教学生态的和谐平衡

生态的组成部分除了生态主体（有机体）以外，还包括主体的生存环境，为有机整体的一种。课堂教学是由教学内容，教学方式，教学手段，教师和学生等多种因子组成，且具有一定繁杂性的生态系统。在此系统中每一个因子都会相互产生较为复杂的动态组合。各个因子之间不仅存在物质与能量的传递与流通，也有各种力量之间不断维持平衡。只有在教学生态系统获得动态平衡的基础上，教学效率才能达到最高效，教学质量才能提升，才能有助于学生的全面发展。在生态学观点的指导下，展开新一轮基础教育课程改革，人们不仅需要就观察的角度进行转变，还应消除各种对立的二元思想。实现

---

① 闫霞.浅析游戏化教学在小学数学教学中的应用路径［J］.天天爱科学（教育前沿），2023（02）：76-78.

生态化的课堂教学，寻找出教学过程中教学内容与教学方式，教学手段与教师和学生等教学因子间的关系的平衡点。

当代教学生态学研究指出，课堂教学的平衡包括教和学与教学方式结构平衡和教学思维结构与课堂环境等因素的和谐平衡。教学从过去夸大知识的准确性和不变性，转变成现在把知识看成是生态的、可发展的，强调知识的主观感受与客观事实的结合。教学不仅注重显性与明确的知识，而且更注重隐性和缄默的知识，隐性的知识具有更强的实践意义与创造意义。重视教学生态的和谐平衡，树立关注人与文化、关注过程创造与知识生成的动态的过程观，是小学数学有效教学策略在新课程的背景下对教师的要求。

3. 基于数学核心素养的小学数学教学改革现状与存在问题

3.1 小学数学教学改革现状

在新课程改革持续推进的环境下，教育领域发生了巨大改变，特别是在核心素养体系形成后，不仅使课堂教学方法及内容变得更加丰富，同时促进了以往"以教定学"向转化为"以学定教"的转化速度，在小学教学中，逐渐行形成了先学后教、少教多学的发展局面。在数学学科核心素养下，数学学科表现出了独有的张力，学校在发展过程中将核心素养作为基础，对教学进行改革，现已获得了相应的成果，下面对小学数学教学改革现状进行详细介绍。

3.1.1 在情景中学会学习

情景是让小学生对世界、生活有深入全面了解的有效途径，同时也是交流文字符号与客观事实的纽带，有助于知识与思维的深度结合。换句话来讲，情景也可以作为学生认识生活的纽带，可有效促进知识向素养转化，基于数学核心素养，小学数学教学发展、发生与情景关联紧密。

在对小学生开展情景教学过程中，学生对生活及世界的了解，并不是从教科书中抽象的知识获得，而是让学生与自然、社会及他人接触，在相互作用下更好地了解和认识生活世界①。老师在教学中，不仅是学生体验自身情感的原始表现，同时也是学生感受情境的物理表现，可有效强化学生思维及探究意识。情景教学的有效开展，有效改善了以往只注重概念学习的教学模式，使教学更加重视事物本身存在的问题。老师情景教学资源来源途径呈现多样化，例如教学活动、生活条件、学生意识以及外界各方面刺激等。情景教学在开设中，可使学生全方位、多角度的认识感知世界，而老师也会在情景中对学生各方面进行高度关注，如动手、眼动、耳动等。在对学生学习特点加以充分考虑的基础上，采用有效的方式引发学生学习热情，使学生潜移默化地形成良好行为习惯，让学生在轻松愉悦的环境中学习，释放自己的情感，为提高小学数学教学质量奠定基础。

在小学数学课堂中开展情景教学，不仅可提升学生学习热情，并且有助于学生形成生活中学习的习惯，进一步推动数学核心素养的发展，以下是数学教学中应用情景教学法的案例②。

老师：同学们，现在的生活与以往的生活对比提高了很多，对饮食及健康方面的重视度也越来越高，所以老师邀请了两位小质检员，同学们，猜猜他们日常都干些什么呢？

学生：他们在对食品安全进行检查，明确产品是否合格（争先恐后地回答）。

老师：哪他们为什么要检验产品合格率呢？

此时学生开始考虑问题

老师：这就是教学的应用，若想使教学得到充分的应用，那么首要环节便是要学好数学，今天老师和同学们一起共探索合格率。

学生在学习数学知识时，也是强化自身素养的过程。但在提升素养期间，情景支持起到了重要的作用，其可促进知识向素养转化速度，使学生在感受

---

① 莫树德.探究数学思想在小学数学教学中的融入［J］.天天爱科学（教育前沿），2023（02）：88-90.

② 莫树德.探究数学思想在小学数学教学中的融入［J］.天天爱科学（教育前沿），2023（02）：88-90.

学习数学知识是有意义、收获的过程，并且还可以在该过程中提升学习数学的自信和动力，强化自身数学核心素养。

3.1.2 在活动中快乐学习

基于数学核心素养，在开展小学数学课堂教学过程中，不能只是老师单纯的教授学生知识，或是从数学教材中获得相应的结论，其应是学生经历的一个过程，在完成某项任务后获得和掌握数学知识。在小学数学教学中，应强化活动教育，通过活动来培养和提升小学生数学核心素养，而这是落实数学核心素养的小学课堂所具备的特质，下面以《圆的面积公式》知识点为例，呈现活动教学的重要性。

老师：同学们，我们共同回顾一下以前学的知识，以往我们所学习的各种面积公式是用什么方法推导出来的？比如四边形、三角形、梯形面积等。（引导学生回忆以往所学知识）。

学生此时会对已经学过的图形面积进行回忆。

老师：同学们，可以自由组建小组，想一想圆可以转化成哪个已经学过的图形呢？大家可以动手剪一剪，拼一拼，找出近似的图形。同学们可自由讨论，建立思路，小组讨论结束后由小组长进行集中汇报。

操作活动一：

学生自由结束后，首先引导学生将圆形分成八个等分，而后将每个小块逐个拼接起来，那么学生会拼出什么样的图形呢？

操作活动二：

可以将圆形纸平均分成若干份，如 16 等份、32 等份，当裁剪完后将图片拼接起来。

学生通过裁剪和拼接，会从中获得什么收获？（学生在讨论和沟通后，圆等份数量越多，拼出来的图形会更加接近平行四边形）。

学生相互探讨和分析。（老师制作课件，为学生演示推导的全过程）。

老师：掌握了圆面积计算公式，可以解决哪些问题呢？（解决情景图中的问题）

在培养学生数学核心素养的同时，还应采用有效的方法拓展学生数学思维，而教学活动的开展是行之有效的方法。在此期间，学生通过实践经历可提升其感性及理性认识，同时呈现快速上升的势态。学生通过学习、沟通、思考以及应用数学知识，并在参与数学活动中逐渐表现出来，如此可大幅度提升学生学习热情，使其全身心地投入到学习中，实现数学教学质量提升的目的。

3.1.3 在指导下自主学习

自主化学习模式主张自主学习，在开展中推动了由教转化为学、从依赖向独立转变的速度。在自主学习过程中，可以持续挖掘学生学习潜力，增强学生独立学习能力，与此同时，可有助于学生养成数学核心素养。但值得注意的是，自主化学习在主张主动学习的同时，老师指导依然是不可替代的构成部分，教学不仅是学生自我构建的过程，同时也是呈现老师价值方针的途径，学生虽然有相应的自主学习能力，但离不开老师的有效指导。在自主学习期间，学生会经历不同的阶段，如从老师教授到自主、从依赖至独立等，老师在教学中的正确指引有利于学生明确学习方向，是提升数学教学质量的基础。

学生在老师的指引下开展学习，可潜移默化的培养其核心素养，例如老师在教学中可以设置搭积木比赛，学生在自主学习中可强化自身核心素养。

老师介绍操作要求：同学们，从上面我们会看到▢▢▢▢形状，那么同学发挥想象来搭一搭。

学生 1：一边搭建一边说道：我利用五个正方体搭建成▢▢▢▢。

学生 2：我用相同的数量的正方体，搭建成了▢▢▢▢。

此时学生积极主动的用教具搭建不同的形状：

老师：若我们有充足的正方体，同学们可以搭建出多少种形状？

学生：可以搭建出"无数"种形状。

老师：真的可以搭建出"无数"种形状吗？

学生：可以有数不清的搭建方法，在横排四个搭建完成后，在它上面摆放多少个正方体都可以。

老师：如果我们从某个视角来看平面图形，可以搭建出非常多的立体图形。接下来我们继续比赛，但是现在我要给同学们增加一个条件，从左面看到形状，有哪位同学知道这个图形是什么样子的吗？若我们手中有充足的正方体，可以搭建多少种图形？

学生自己动手搭建，搭建完成后立即反馈，同时在搭建期间，学生之间会主动合作，探讨不同的搭建方法，分享自己在搭建中总结的经验，通过观察、分析及讨论等环节，学生最终会获得正确的结论，即最多可以搭建 8 个正方体。在此过程中，老师指导学生，并协助学生进行总结。

在自主学习中，老师可以为学生塑造轻松的学习氛围，学生在学习中可感受到自豪感及快乐感，积极与伙伴开展合作，享受成功的乐趣，在整个过程当中，学生可以成为学习的主导者。这样不仅可让学生踊跃地提出自己见解，并且还可让学生在实践中探索，总结操作经验，全身心地投入到学习中。自由学习，模式可以使学生多感官并用，如眼睛、手、脑及嘴等，坚持不懈可显著提升学生各种学习能力，如观察能力、比较能力及归纳能力等，强化学生参与度，并在参与中逐渐提高自身核心素养。

3.2 小学数学教学改革存在的问题

现阶段，在新课程改革持续深入的背景下，数学核心素养如火如荼地进行着，为教学改革注入了源源不断的能量。基于数学核心素养下的教学改革，呈现了丰富性、思考性及多样性特点。当前，教学改革已经获得了相应的成绩，但是依然存在不足之处。笔者为了更好地了解数学核心素养落实现状，采用访谈及发放问卷等方式进行深入调研，目的是进一步明确数学核心素养下小学数学教学改革中存在的问题。

3.2.1 思维方式问题

第一，思维深度不足

思考深度可以理解为掌握和了解知识间内在联系的程度。在数学核心素养下，小学数学老师在教学实践中不可就题论题，应结合问题论理，通过活动论理，将其作为切入点，持续拓展学生思维，加大思考问题的深度[①]。笔者在实习阶段，曾经遇到过这样一个教学例子：该堂课教学内容是"求比一个数多几的数是多少"，从教学准备阶段直至整合，从讲授例子至课后练习，由讨论至实践，可以说从上课的开始直至课堂教学结束，无论是老师抑或是学生均在不断地重复"求比一个数多几的数是多少，用加法来算"的结论，不难看出，在该堂课教学过程中，学习能力较弱的学生也很难学会减法。通过这堂课学生真的可以理解较大数、较小数及相差数间的关系吗？学生是否可以在该堂课中提升思维能力及数学核心素养？这种直接的启示，不仅不会起到促进学生思维能力的作用，甚至还会导致学生思维浅薄，给学生分析数学问题、推理和概况数学带来阻碍，不利于培养学生的深层思维[②]。此时笔者在想，在该堂课结束后，如学生在课后面临这样的问题会如何解答：明明现在有6张纸，而明明比红红多4张，红红有多少张纸？当学生遇到这样问题后，是不是也会用加法来计算呢？

第二，思维发散不够

思维方式拥有其独有的特性，如发散性、灵活性、敏捷性及深刻性等，而发散思维是学生思维多样化发展的主要表现，扎实的基础知识及独立思考能力是其基础。若学生在学习过程中，基础知识较弱，仅是乐于思考，那么

① 沈薇．"双减"背景下实现小学数学教学评—致性的策略研究［J］．天天爱科学（教育前沿），2023（02）：118-120.

② 周开成．错误让数学学习更美——小学数学教学中"错误资源"的合理利用［J］．山西教育（教学），2023（02）：58-59.

学生往往不会产生正确的联想，此种情况下会加大培养和提升学生发散性思维的难度，相反，倘若学生基础知识扎实，但缺乏独立思考的意识便不激发思维，在学习中只能人云亦云①。毋庸置疑，学生在学习中发散思维尤为重要，笔者通过数学核心素养调查问卷来测试小学数学教学中老师对培养发散性思维的关注度，问卷内容如下："在做数学题时，你们老师会一题多变或者一题多解吗？在课堂教学过程中，会经常组织小组合作的方式来探讨问题吗？你认为哪种方式有利于提升数学思维？老师在教学中通常会应用哪些方法来提高学生数学思维？"通过下图可以发现，在调查中有近20%的学生认为在做数学题中，老师总是可以将一道题多变或对一题进行多解；认为老师经常会在他们做数学题过程中，做到一题多变或多解的学生占比近25%；认为老师偶尔可以做到此点的学生占比近50%；认为老师从未在他们做题时做到一题多变或多解的学生占比近6%②。从数学课堂教学层面而言，一题多变和一题多解是训练学生发散性思维的有效途径，在解答数学题中可以使学生做到举一反三，充分激发学生探究数学知识的热情，有利于学生养成勇于钻研、实践的优秀品格，同时也是持续强化学生数学核心素养行之有效的方法③。但是通过此次调查可以发现，在教学中认为老师可以做到一题多变和一题多解的学生占比不足20%，调查结果证实，大部分学生并没有过多的机会来锻炼自身发散性思维。

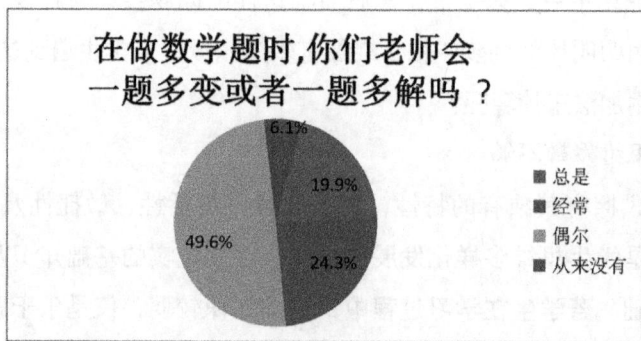

图 3-1　数学思维培养问题

---

① 李亚萍.在小学数学教学中培养学生的问题意识［J］.山西教育（教学），2023（02）：56-57.
② 向松.小学数学教学中数学日记的指导策略［J］.第二课堂（D），2023（02）：47.
③ 巨光文.小学数学教学中高阶思维能力的培养［J］.当代教研论丛，2023，9（02）：69-72.

在开展小学数学教学中，组织小学生以小组的形式进行学习，不仅可有效提升学生学习水平，并且可进一步强化其核心素养，是培养和提升学生发散思维的有效途径[①]。在数学实践教学中，学生在数学课堂中以小组的方式进行合作和探讨，有助于学生自身思维体系的完善，在与学生沟通中可以发掘和掌握新知识，提升自身数学思维，同时还可大幅度增强自己数学素养，通过图 3-2 可以发现，在小学数学课堂教学中，每节课均可以以小组的形式进行交流合作的学生占比在 48.6%，而在数学课堂教学中，每周可以有 3~4 次小组交流合作的机会占比在 36.9%。在数学课堂中，每周可以有 1~2 次小组合作机会学生占比为 8.9%。而在数学课堂教学中，有近 6% 的学生没有合作学习的机会。

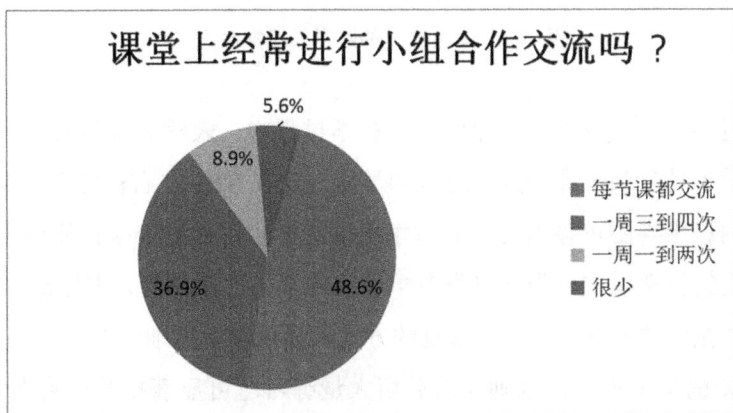

课堂上经常进行小组合作交流吗？

5.6%

8.9%

36.9%

48.6%

■ 每节课都交流
■ 一周三到四次
■ 一周一到两次
■ 很少

图 3-2　小组交流合作频率问题

通过图 3-3 可以发现，认为在数学教学中动手操作有利于强化数学思维学生的占比较高，占比在 78% 左右，而有 68.6% 的学生认为在数学教学中，融入思维导图更加有助于强化数学思维。认为采用交流合作及自主探究等教学模式有利于强化数学思维的学生占比在 73% 左右。而有 70.3% 的学生则认为在数学实践教学中勇于假设、猜想有利于提高数学思维。认为老师在开展教学中采用激励的方式有利于强化数学思维的学生占比在 99.6%。也有学生

---

① 蔡燕妮 . 小学数学教学中学生量感的培养［J］. 西部素质教育，2023，9（03）：117-120.

认为，在课后做练习题有利于强化数学思维，占比在24%。部分学生认为，采用数学游戏或师生合作等方式有利于强化数学思维，占比在10.1%。

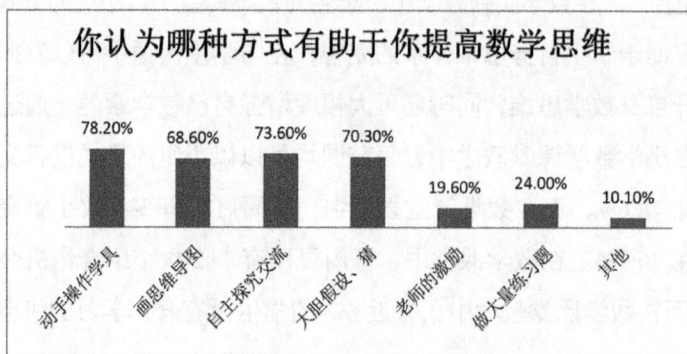

你认为哪种方式有助于你提高数学思维

图 3-3　学生喜爱的数学思维提高方式

通过3-4可以发现，在小学实践教学过程中，表示老师经常让自己动手操作教学工具有利于提升数学思维的学生占比在57%左右；也有学生认为老师经常用思维导图可显著提升其数学思维的学生占比近59%；而认为老师使用多元化的教学模式可强化自身数学思维的学生占比最高，占比高达75.4%；表示老师在日常教学中，采用激励的方式可强化数学思维的学生占比近20%；有近77%的学生表示，老师在课后留大量练习题可显著提升自身数学思维；有近7%的学生表示，老师在教学中采用传统教学模式可强化自身数学思维，例如画图、参考预习以及解方程等。

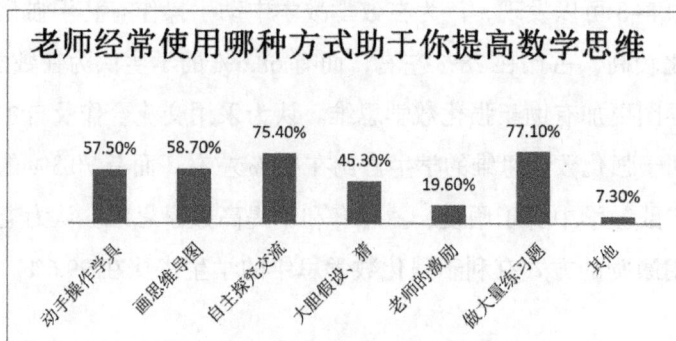

老师经常使用哪种方式助于你提高数学思维

图 3-4　教师常用的数学思维提高方式

分析以上调查数据可知晓，小学生在学习数学知识期间，对于老师采用多样化教学方式来提升思维能力的需求较高，同时不局限于原有的教学模式，还可在课堂教学中融入其他的教学方法来强化其数学思维，如数学游戏、师生合作以及自主研讨等。但是从小学数学课堂教学现状视角来看，大部分老师并没有满足学生学习需求，在实践教学中缺乏与时俱进的态度，始终沿用以往的教学模式，而这对于培养和提升学生发散性思维显然是不利的。

3.2.2 关键能力问题

在小学数学核心素养中，其包含了多种关键能力，比如数学抽象能力、推理、建模以及直观想象能力等。本文将数学抽象形象化、推理能力固着化以及数学建模模式化等方面作为切入点，对其进行阐述。

1. 数学抽象形式化

新课程标准从数学思考层面出发，提出了相应的要求，例如初步建立数感和符号感、发展抽象思维以及建立空间观念等。可以发现，在小学数学教学期间，建立初步数感和符号意识是数学抽象的重要支撑。

通过对老师的访谈，一些老师基于核心素养提出了小学数学教学相关建议。他们认为，在有效开展数学核心素养期间，教学方式呈现了多样化发展趋势，而也正因如此，教学环节逐渐向多元化转变。然而，在实践教学当中，即便依据核心素养需求开展了多元化的教学方式，但在某些课程教学中，部分学生并不能完全地融入进来，导致教学流于形式。比如，在教学中，为了进一步培养和提升学生数感，通常会采用多种教学模式，使课堂教学变得更加丰富，但是到最后发现，此种方式占用了过多的教学时间，并不能显著提高数学教学质量和效率。

不管是对老师的访谈，或是笔者对小学数学教学现状的实地观察，在核心素养下，数学教学在培养和提升学生数学抽象能力中显露了诸多问题，特别是在教学环节中，形式化问题尤为凸显。比如，一位老师在教授"整万数的认识"知识点时，在课堂教学中设置了预估人民币的活动，并创设了教学情景：一辆汽车价值100万，而购买者手中拿的这些100元人民币，可以购买这辆跑车吗？在教学起初，老师只是为学生展示单张 100 元以及一万元一叠的人民币，在此过程中发现学生反映并不理想，于是又为学生提供了十万元一捆的人民币，但学生依然不能正确的估算到 100 万元人民币。由此可以发现，"估"需要选用适当的参照物，而后老师将图片上的旋盖去掉，为学生揭示谜底，只有 70 万元，之后添加三捆十万元的人民币，正好为 100 万元。但是需要思考的是，哪位学生需要此种数感呢？

2. 推理能力固着化

在小学数学教学中，经常会采用实验的方式来培养和提升学生推理能力，比如在教授《圆锥的体积》知识点时，便可采用该种教学方式。

下面是教授《圆锥的体积》的教学情景：

老师：有谁知道小麦的体积？同学们想一想，怎样才可以求出圆锥面积？（此时引导学生思考）。在求圆锥体积时，它是否与我们之前学过的圆柱体积知识有所关联呢？它们之间又有着怎样的联系？

学生凯子实验探索，并以小组的形式进行，实验材料涉及水、土、不同大小的圆柱形及圆锥形容器，同时让学生认真填写实验报告单。

让学生自由交流，最终总结出结论：圆锥体积是圆柱体积的 1/3，但有个一前提，需要圆柱和圆锥底和高相同。

圆锥计算公式为：$V=1/3sh$

老师：问题 1：sh 代表什么？又为什么要乘以 1/3 呢？

问题 2：在计算圆锥体积过程中，我们应注意哪些条件？

在此种教学模式中，老师为学生提供了低和高相同的圆锥及圆柱形，学生在开展实验过程中，仅需要依据老师的指导将水货土倒进容器中即可，三次刚好完成。但是小学生并不能真正地理解"圆锥体积等于等底等高圆柱体积的三分之一"的原理，导致学生学习的知识过于局限，只是采用教科书及教学实验方法让学生知晓"它们是什么"，没有对其进行相关讲解，使得学生对所学知识一知半解。在实验中的"发现"及"推理"显得微不足道。

3. 数学建模模式化

所谓数学建模模式化，即学生在学习数学知识过程中，理解和领悟其与外部世界的联系方法建立模型思想，在建立和解模型期间涉及以下内容："在实践生活中来提取数学问题"，可以使用数学符号构建方程、函数以及不等式等解决数学问题中的数量关系以及变化规律等。与此同时探讨和分析结果，这样在学习中不仅可提升学生学习兴趣，并且还可有效增强其应用意识，在整个过程中锻炼学生模型思想。

在数学核心素养下，数学建模强调使用数学语言来描述世界，并与实际生活相结合。但是在小学实践教学中，大部分学生并不具备建模能力，在学习中只要可以对建模思想有一定的了解和掌握即可。在了解学生是否将所学的数学知识应用在生活中，本文设计了相关问题，"你常用数学知识去解决日常生活中的实际问题吗"？并观察学生对模型思想的使用能力。

通过图 3-5 可以知晓，每天可以利用数学知识来处理日常生活遇到问题的学生占比近 8%；经常会应用数学知识对生活中存在的问题进行解决学生占比为 14%；偶尔会利用所学数学知识来解决实际问题的学生占比较高，占比超过 56%；也有学生在日常生活中从来没有运用数学知识解决实践问题，占比为 21.5%。通过调查数据可以发现，大部分学生用数学知识解决生活实践问题的能力不足，占比超过 90%，学习知识是为了更好地应用知识，在该些数据中可以清晰地反馈出多数学生并没有在实际生活中运用数学知识，学生构建模型不仅单一，并且较为抽象，此种情况不利于提升学生数学核心素养，致使学生素养无法得到全面提升。

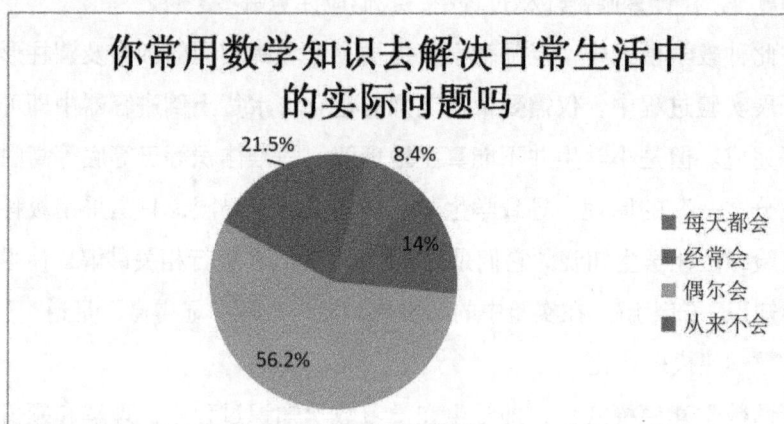

图 3-5　数学建模能力

从学生模型思想层面来讲，需要从多维度进行构建，小学生在理解模型思想期间，对外部世界的理解是其基础，同时将理解的内容融入自身数学体系中。但不管是哪种方式，最终结果是要融入数学生活中。学生在学习数学知识时，不可局限于学习数学知识及技能上，倘若学生无法将所学的知识有效的融入实际生活中，即便学习了再多的数学知识，也终将会失去学习的意义。学生在生活中运用数学知识是提升建模能力的基础，同时也是数学核心素养的要求，是今后发展的主要方向。通过问卷调查以及笔者的实际调研发现，多数小学生在学习数学知识时，始终将数学视为彰显个人能力的工具，将成绩作为衡量习质量的标准，并没有充分地了解和掌握数学学习真正意义。在此种环境下，想要发掘学生更深层次的学习动机可谓是难上加难，甚至会给数学建模构建以及提升数学核心素养带来严重的负面影响。

4.数据分析课本化

在"课程 2022 年版"中,对一、二学段学习内容进行了统计,其主要包括数学统计初步以及简单数据统计过程,而在第二阶段中,提出了相应的实施目标。其中一条中明确指出,在对实际问题进行解决时,可以独立设计简单的调查表,在采集数据过程中,可以选择适当的方法,例如实验测量以及调查等。

但是在实践教学期间,大部分老师在解决数学问题时并没有学生日常生活中统计知识的能力进行过多关注。

片段教学设计:

自主探究与合作交流

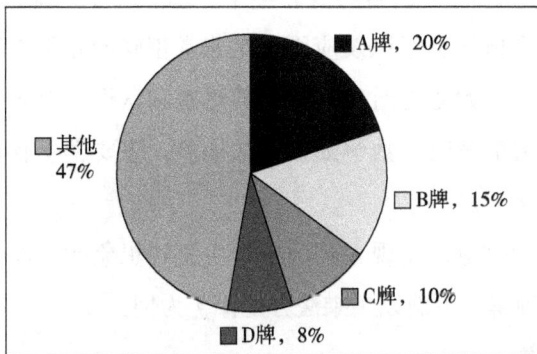

(1)小组活动1:老师为学生提供彩电市场不同品牌占有率统计图,并让学生对其进行详细的观察,让学生介绍自己从中收获了哪些信息。

(2)小组活动2:图中的"其他"代表什么?从图中可以看出哪个品牌的电视销售量最高?为什么?

(3)小组活动3:学生交流学习收获。

(4)小组活动4:通过观察彩电市场不同品牌占有率的统计图,同学们可以提出哪些意见,可以让它变得更加完善?

(5)小组活动5:结合学生提出的建议,适当添加数据,重新构建统计图。

通过以上的教学设计,主要是为了凸显学生在教学中的主导地位,学生可以积极主动的探索数学知识,从而构建属于自己的知识体系。但从上述教学片段中可以发现，老师统计认知方面存在不足，比如1~5的活动中，在解决相关问题时，均将材料为核心，直至教学结束，并没有形成统计知识与实践生活有机融合的教学设计。在教学中只是定位了统计学在教材中解决问题的价值，实际接触深度不足，多数学生在学习统计知识时，通常只是为了完成老师布置的学习任务，很少将所学的统计知识应用到实践生活中，而这也反映了学生统计知识应用能力薄弱，由于在教学中不能使学生感受到数学的奥妙，导致学生无法领悟数学在实践中的应用价值。

5. 直观想象表层化

在数学核心素养关键能力中，包含直观想象能力。对于小学阶段的学生而言，直观想象能力表达方式主要分为两种，即空间观念、几何直观方式。曹培英曾经提出，在小学数学实践教学中，加大对空间概念培养的关注度，提升学生人物与形体结合意识及应用率是非常正确的教学方法，主要是因为在初等数学教学中，始终是对直观知识的理解和认识，但若到了初中或高中阶段，学生在学习数学时，数学知识更加抽象，需要学生有较强的逻辑思维及视觉想象力。

通过与老师的交流，发现大部分小学生直观想象能力停留在表面，并不能对其有深入的理解，下面以《乘法分配律》为例：

老师创设情景：

四年级组织了评选优秀少先队员的活动，四一班和四二班分别选出了6名和4名同学，而优秀少先队员的奖品是发放一本《经典童话》，购买单价为12元，那么在本次活动中，一共需要花多少钱来购买《经典童话》？

（1）哪位同学愿意讲一讲自己的解题方法？

（2）有没有其他的解题方法？出示：

$(6+4) \times 12=12$（元）

$6 \times 12 + 4 \times 12=12$（元）

（3）在以上解题方法中，每步均代表什么？

老师：仔细观察算式，同学们可以有哪些发现？

分析乘法分配律

①通过对以上 3 个不等式的观察，同学们有哪些发现？

②有谁可以在列举出相似的例子，可以写下来，而后反馈。

③总结：相同的数分别与两个数相乘，等于将等于两个加数先分别乘以这个数，而后将两个乘积相加，而整个过程便是乘法分配律。

④像此种算式可以写得完吗？同学们可以利用字母在表示乘法分配律吗？

$(a+b) \times c = a \times c + b \times c$

$a \times (b+c) = a \times b + a \times c$

通过以上案例可以发现，学生并不能通过自己的直观感受对教学内容有更加深入的理解，教学的最终结果只是老师认为自己已经将知识讲解得很明白，而学生在判断中依然出错，特别是在简算上出错率更高。而导致学生出错的原因，首先是学生没有对乘法分配律有全面深入的理解，自己无法建立知识架构；其次，学生缺乏直观经验，导致理解分配律原理的能力薄弱，在实践教学中应对该些因素进行高度关注。

6.运算能力过重化

在数学核心素养关键能力中，运算能力是其重要的构成部分，同时也是新课标核心词，在小学数学教学中占有着不可忽视的位置。但是在小学教学中，不应过度关注学生运算能力。本文中制定了家长问卷，问卷内容主要涉及"您认为通过数学课程，孩子的哪些数学关键能力有所提升"？通过调查发现，认为通过数学课程可提升数学抽象能力的家长占比超过 80%；认为通过数学课程可以强化学生数学推理能力的家长占比 86%；表示可以利用数学课程来提升孩子数学建模能力的家长在 84% 左右；家长表示利用数学课程可以强化学生直观想象能力的占比近 70%；而大部分家长认为通过数学课程教学，可以显著强化运算能力，占比约 97.3%；也有家长表示，数学课程教学有助于增强孩子数据分析观念，占比在 75% 左右。

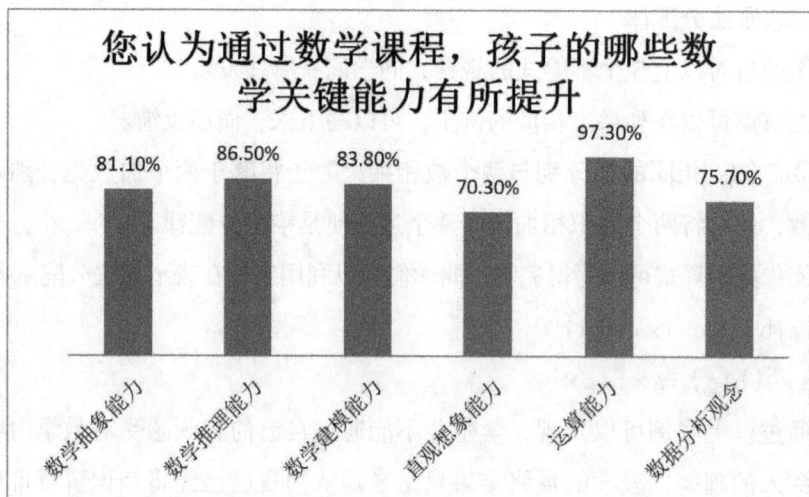

您认为通过数学课程，孩子的哪些数学关键能力有所提升

数学抽象能力 81.10%
数学推理能力 86.50%
数学建模能力 83.80%
直观想象能力 70.30%
运算能力 97.30%
数据分析观念 75.70%

图 3-6 数学关键能力问题

通过调查发现，家长在对孩子数学运算能力关注的同时，还有部分家长将提升数学运算能力视为孩子学习数学知识最重要的能力，而此种观点存在片面性。长此以往，会给孩子今后成长和发展带来负面影响。此外，若此种观点没有得到及时地纠正，会对孩子数学学习观念产生影响，给教学工作的开展带来巨大阻碍。

3.2.3 数学品格及健全人格养成问题

数学核心素养区别于数学"四基"及三维目标，而最为突出的区别便是培养数学品格和完善人格。在开展的所有数学教学活动中，数学品格及完善人格的培养始终占有着重要的位置，其是培养和提升学生现实精神及细节素养的有效途径，有利于学生养成良好的学习习惯、激发学生学习动机，使数学知识对小学生产生较强的吸引力，对丰富小学生数学情感起到积极的促进作用。但是此种教学方式在实践教学中并没有得到高度关注，并且开展的较少。

此次设计的调查问卷，将了解学生数学情感及品格培养情况作为调研目标。在调查问卷中分别设置了相应的问题，例如，"你对学习数学是否有兴趣、在课堂教学中，你敢于提出自己的见解吗？"通过图 3-7 不难发现，在小学生中，对学习数学有兴趣的占比 85%；有近 12% 占比学生对数学并没有过多的兴趣；有不到 3% 的学生根本对数学没有兴趣。通过调查数据可以看出，小学生在学习数学知识时，大部分学生态度较为积极，但是在其他方面均存在相应的问题。

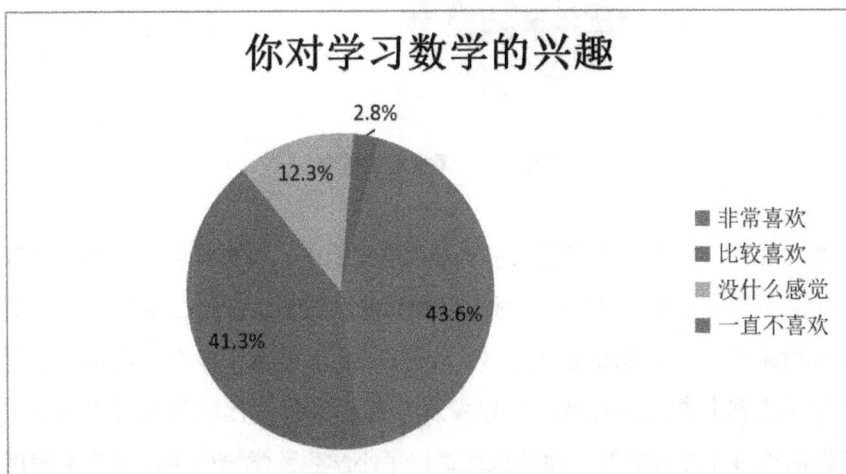

图 3-7 数学学习兴趣问题

从图 3-8 中可以发现，对于发表意见方面，有近一半的学生在课堂学习中并不敢踊跃提出自己的建议，此种机会对于小学生来说还是比较充足的；在课堂学习中有近 24% 的学生敢于发表自己的意见，但发表建议的机会偏少；有不足 22% 的学生在课堂学习中不敢阐述自己的见解，然而，老师会赋予他们更多的发言机会；在课堂中不敢表达自己想法的占比近 8.5%，而在数学课堂教学中，他们发表意见的机会相对较少；通过调查还发现，中等学生表达能力较强，但表达机会偏少，自己对某个知识点有独特见解时，经常没有机会阐述自己的见解，而此种情况会使该部分学生产生负面情绪，长此以往，还会降低其对数学知识的学习热情。后进生不仅不敢表达自己的见解，并且缺乏表达的能力，当错过表达见解的机会后，会给其数学情感及人格培养带来负面影响。个别学生甚至会降低自我认识，给其今后发展和学习带来严重影响。

你敢于在课堂上表达自己独特的见解吗？这样的机会多吗

8.4%
21.2%
23.5%
46.9%

- ■ 敢；很多
- ■ 敢；很少
- ■ 不敢；很多
- ■ 不敢；很少

图 3-8　课堂表达机会

通过观察图 3-9 可以知晓，在学习数学知识中，每次都会主动预习和复习数学知识的学生占比近 20%；经常可以做到此点的学生占比在 44% 左右；偶尔可以做到课前预习及课后复习的学生占比在 35.2%；从来没有主动预习和复习数学知识的学生占比为 1.2%。可以发现，有近 20% 占比的学生每次均会主动进行课前预习和课后复习，而这也反馈出了小学生数学情感及品格自觉程度相对较低。若在数学教学中，学生可以积极主动的复习和预习数学知识，并且长时间地坚持下来，不仅有助于小学生形成优秀的品质，并且还可大幅度提升数学教学质量，进一步增强小学生数学核心素养。小学生若每次都可以做到积极主动的预习和复习数学知识，还可使其核心素养得到更好的发展。

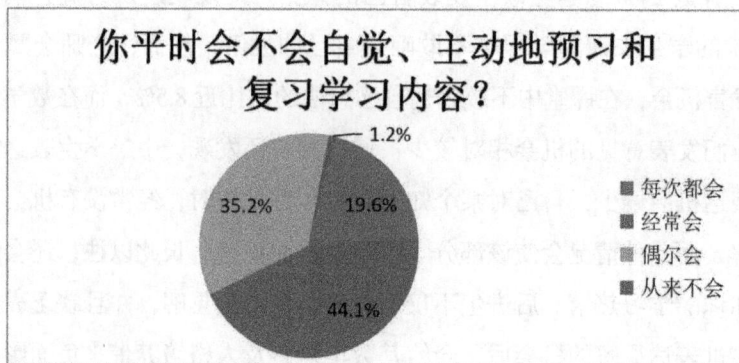

你平时会不会自觉、主动地预习和复习学习内容？

1.2%
35.2%
19.6%
44.1%

- ■ 每次都会
- ■ 经常会
- ■ 偶尔会
- ■ 从来不会

图 3-9　数学学习主动性调查

在调查中，对学生提出了相应的问题，如"通过学习数学，你内在的收获是？"而设计该道题的主要目的，是为了对小学生数学核心素养中的数学品质情况进行测试。学习数学知识过程中，在掌握数学基础知识及提升学习能力的基础上，还应从学习中强化自身数学情感。在学习数学知识时将学习数学转化为内在动力，这样可以显著增强自身数学水平及素养。在调研中，认为通过数学学习可以提升自身理性思维的学生占比为 58.7%；认为通过学习数学知识可以提升核心素质的学生占比为 29.1%；有近 9% 的学生认为，学习数学主要是为了升学；表示学习数学知识过程中，并没有任何收获的学生占比为 2.8%；表示自己不能明确数学学习目的，也不具备学习数学内在动力的学生占比为 11.7%。

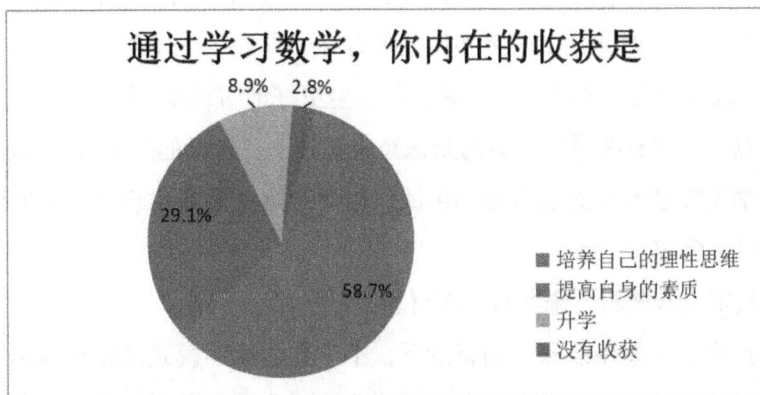

图 3-10　数学学习的内在收获

3.3　小学数学教学改革存在问题的原因分析

在落实小学数学核心素养过程中，导致上述问题出现的因素呈现多样化，但这些问题应引起小学数学教学的高度重视，其现阶段急需解决的重要问题。在有效解决这些问题前，应明确导致问题产生的因素[①]。下面本文将会对数学

① 盛益芳.探索小学数学多媒体教学路径［J］.中小学电教，2023（Z1）：56-58.

核心素养下数学思维方式及关键能力等方面进行全面分析。

3.3.1　数学思维方式问题原因分析

从数学思维方式问题层面来讲，其主要包括两方面内容，其一：数学思想深度不足；其二：数学思维发散不够。

（一）思维深度不足原因分析

1. 教师教学目标不明晰

通过对小学教学机构的实地调研发现，大部分小学数学老师在教学中存在诸多问题，而该些问题给培养和提升小学生数学思维带来负面影响[①]。例如，在教学实践中，没有关注解释材料的本质，导致学生在学习时不能全面详细的整理所学知识，使学生认知结构无法得到完善和拓展，更加无法形成数学知识网络。不仅如此，由于诸多问题的存在，导致学生不能清晰的掌握数学知识间的相互联系，拓展学生思路，使学生更好地回顾以往所学知识[②]。部分老师在教学中没有在学生已有的知识经验基础上，合理的提升数学知识难度，不能使学生在学习中充满自信和挑战，而导致这些问题出现的主要原因是由于教学目标模糊。

2. 教师只教教材，未实现用教材教

在新课程改革持续深入的背景下，小学数学教学模式其思想也逐渐发生改变，最大程度上避免数学教学流于形式，强化学生数学思维。在本次问卷调查中，设计了有关问题，即"在课堂中教师经常延伸教材以外的问题帮助你们加深思维发展吗？"对该问题的分析可以从某种程度上反馈出小学数学老师在教学实践中深化数学思维存在的不足。由图3-11可以发现，认为在课堂教学中，老师总是会延伸教材来强化其思维发展的学生占比为41.9%；表示老师偶尔会做到此点的学生占比为30.6%；也有部分学生认为，在课堂教

---

①　高迪.如何在小学数学教学中培养学生的自主学习能力［C］∥中国陶行知研究会.第八届生活教育学术论坛论文集.第八届生活教育学术论坛论文集，2023：46-48.

②　阮丹婷.新课标背景下小学数学趣味性教学方法［C］∥中国陶行知研究会.第八届生活教育学术论坛论文集.第八届生活教育学术论坛论文集，2023：220-222.003476.

学中，老师并没有延伸教材来拓展其思维发展，占比为 8.9%[①]。在小学数学课堂教学中，结合学生学习特点合理的设置相关问题，有助于深化学生思维。但是从调查数据中可以发现，数学老师在课堂教学中往往局限于教材内容，而将教材作为基础不断地拓展和挖掘学生思维深度，应是每个老师在教学中应做到的基础内容。

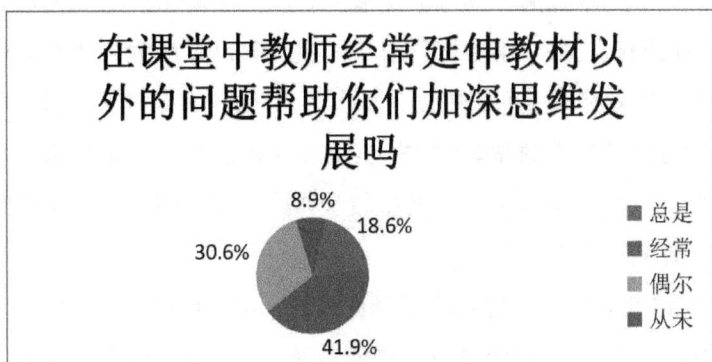

图 3-11　数学思维发散能力

3. 学生水平参差不齐

在落实核心素养过程中，经常会遇到相应的难处，老师 A 认为，从学生视角来讲，因为小学生年龄普遍偏小，各方面处于发展阶段，学习中虽然可以接受别人的思想及方法，但与此同时，其也极易受到他人的影响，导致学习处于被动状态，无法拓展思维。并且在学习中，个别学生总是浑水摸鱼，主要体现在自主学习时间不充分以及研究时间偏短等方面。由于学生个体不同，再加上多种因素的影响会呈现出自己的特点。例如，自身学习能力、成长环境以及老师态度等，在学习中会表现出差异化的特性。在学习过程中，当老师提出数学问题后，每个学生会表现出不同的解题速度及分析方式。也正因如此，给老师在实践教学中拓展每位学生的思维加大了难度，给数学核心素养的提升带来了阻碍。

---

① 王凯丽.“双减”背景下小学数学教学的有效创新［C］//中国陶行知研究会.第八届生活教育学术论坛论文集.第八届生活教育学术论坛论文集，2023：256-258.003488.

（二）思维发散不够原因分析

1. 传统讲授法依然占据重要地位

现阶段，核心素养已经成为教育领域的热潮，很多小学机构在发展中，不断加大对核心素养的关注力度，将其贯彻到各个学科当中，现已获得了初步的成效。但随着新课程改革持续深入，教学质量得到了大幅度提升。在实践教学中，改善了以往满堂灌的教学模式，对学生思维发散能力培养不断加大重视，与此同时，关注学生数学思维广度，其已然成为当代教学中的主流话题。因此，笔者在调查问卷中设计了以下问题，"在数学课堂教学中经常使用哪种教学方式教？在数学教学中，经常出现的教学环节是什么？"通过问卷调查可发现，虽然小学生对发散型教学方式关注度较高，但是传统教学模式始终占有着关键的位置。

从图 3-12 可以发现，在小学数学课堂教学中，可以接受自主辅导的学生占比在 7.3%，在课堂学习中可以在老师指导下单独完成学习，有 62.5% 占比的学生认为，在课堂教学中，采用自主合作探究模式，可以在好的探究数学知识，在充足的时间下与小组成员相互协作，探讨和分析数学知识，强化自身教学活动参与度，从而良好的完成教学任务。也有 13.4% 占比的学生课堂学习中更加倾向于运用先前经验对新问题进行解释和分析。可以接受传统教学模式授课的学生占比近 17%。

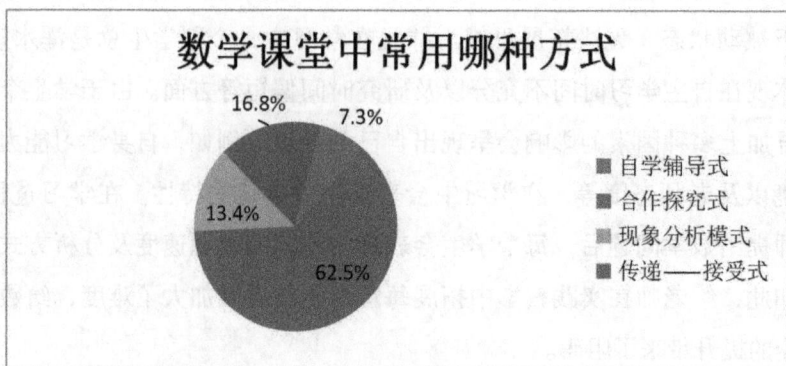

图 3-12　课堂常用教学方式

通过观察图 3-13 可以发现，在小学数学教学中经常出现的环节是老师讲授学生占比例近 17%；认为在教学中，多媒体教学出现频率较高的学生占比为 48%；表示讨论环节在课堂教学中经常出现的学生占比为 14.5%；也有学生表示，在数学教学中，动手操作环节较为常见，占比为 20.7%。课堂教学中的每个环节，均可呈现老师在课堂教学中经常使用的教学方法。比如老师讲授证实在教学过程中，老师经常会使用到讲授法来开展教学，而教学中使用多媒体，证实老师在教授学生知识期间，经常会采用演示法使学生更加直观的理解数学知识，在课堂上开展讨论活动，表明老师在实践教学中，经常会使用到课堂讨论法，学生可以全体参与，也可以小组的形式参与到讨论活动中，而以小组模式进行学习，不仅可强化小学生合作能力，并且还可提升其学习和探究能力，动手操作就是实验教学法，老师为学生提供有关的教具，学生在老师的指引下动手操作设备和材料，并仔细观察其变化，从而促进教学目标的实现。

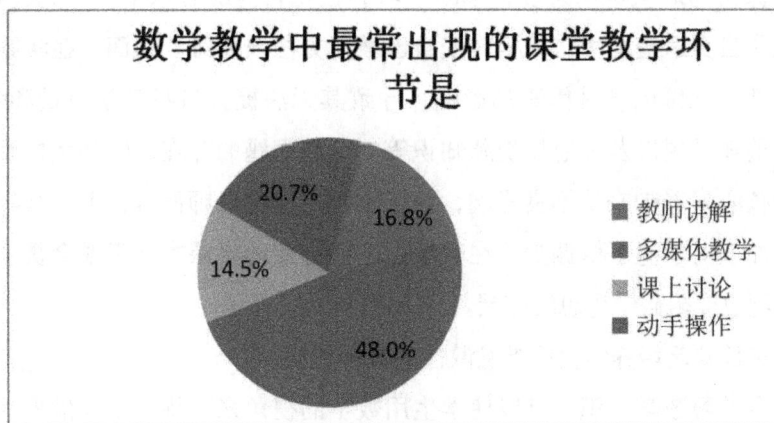

数学教学中最常出现的课堂教学环节是

- ■ 教师讲解
- ■ 多媒体教学
- ■ 课上讨论
- ■ 动手操作

16.8%　48.0%　14.5%　20.7%

图 3-13　课堂常出现的教学环节

在小学数学实践教学过程中，不应摒弃讲授法。但从以往的教学经验而言，部分老师在开展数学教学时，一味地重视课堂质量和效率，开展小组合作学习也只是为了更好地完成课堂任务，而此种教学模式不会给学生带来太多的助益。

2. 教师水平有限

本次调研中，对三位老师进行了访谈，在访谈中发现，大部分老师感觉教学压力与日俱增，特别是资历较老的老师，感觉教学压力更大。老师 B 在访谈中表达了自己的想法：现阶段，老师若想有提升课堂教学质量，在清晰讲解知识的基础上，还应对课堂有较强的把控能力，因此在教学实践中，老师的教学任务不断提升，既要妥善落实备课，还需要全面了解学生学习状态。在课堂教学中，老师还要灵活地应对各种问题，考验老师的课堂智慧。若在教学中，该些环节没有落实到位，那么学生便会如脱了缰绳的马一般，老师不仅不能控制课堂学习氛围，并且会大幅度降低教学的效果。为此，老师应加大对备课环节的关注度，在实践教学中做到眼观六路、耳听八方。与此同时，还要求老师具有较强的教学经验，致使对老师的要求不断提高。

通过以上访谈结果可以发现，时代的不断进步，即便老师有着几年或十几年的教学经验，但其教学之路并不轻松。在社会和教育持续发展的环境下，老师应保持与时俱进的态度，不断学习和强化自身综合水平。在此过程中，还应强化自身适应能力，积极转变自己教学方法及思维。然而，在实践教学中，大部分老师因各种因素的影响，导致其无法提升自身教学质量和效率。例如，墨守成规以及不愿接受新知识等。这些问题的存在，给学生拓展思维及培养核心素养带来了不良影响，对于刚刚上任的老师而言，由于其经验不足，再加上对学生了解偏少，在教学中不能有效地将课本知识融会贯通，而该些问题也会阻碍学生思维拓展。

3. 家长缺乏培养学生思维发散性的重视程度

学生学习数学知识，可以使学生用数学的视角来看待和观察世界、用数学思维来分析世界、用数学语言描述世界，而这些均是数学核心素养的重要内容。可以理解为，学生在学习数学知识过程中，可以有效地理解思考以及感知世界。此种方法有利于促进学生整体发展。但是该种价值观念既是老师与学生的教学任务，同时也是学生家长需要秉持的观念。从图 3-14 可以发现，在"您认为通过学习数学知识，孩子最大的收获是？"问卷调查中，认为孩子学习数学获得的最大收获是培养孩子数学思维的占比为 54.1%；认为学习数学知识可以强化孩子核心素质的家长占比为 8.1%；也有家长表示，学习数学知识只是为了今后升学，占比为 37.8%。在此次调查中，最为欣慰的一点是并没有家长认为孩子学习数学知识没有任何收获。

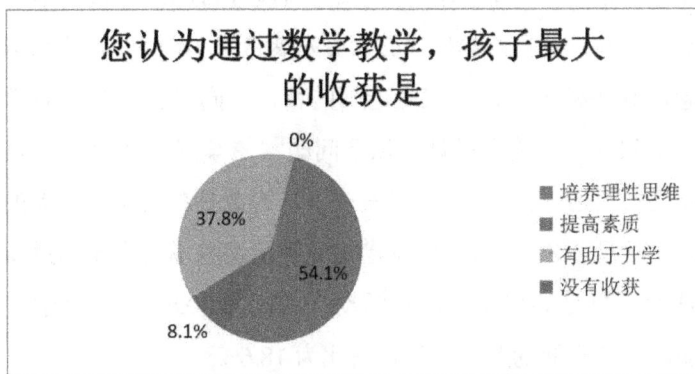

图 3-14　数学学习的内在收获

通过此次调查不难发现，大部分家长虽然认为数学教学有助于培养学生理性思维。然而，也有部分家长始终认为孩子学习数学知识最大的收获是为升学奠定基础。对于小学阶段的学生而言，倘若对其学习成绩过度关注，并且将考试成绩作为判定孩子学习质量的唯一标准，不仅会降低孩子学习数学知识的内在感受，并且还会导致生活状态萎缩，给学生核心素养的培养及提升带来负面影响，甚至还会导致小学生心理发生畸形。一旦孩子感觉自身学习压力较大，便会加大其出现心理问题的风险，导致其出现厌学心理，若情况严重，还会使小学生发生抑郁等不良情绪。若在小学教学中，只是一味地重智重成才，轻德轻发展，长此以往，会使小学生发展与预期目标相背离，可能还会成为社会中高分低才的"不良品"。

3.3.2　数学关键能力问题原因分析

（一）数学抽象形式化原因分析

1. 数学应试化，忽视抽象思维发展

以往教学中强调素质教育，在不断的发展中，教学目标发生转变，重视学生核心素养的培养和发展，而不管是哪种教学目标，都是希望学生可以得到全面的发展。在该学理念下，应不断促进学生综合素养发展，强化学生创新思维，确保学生在学习中可以得到全面发展[①]。然而，现阶段，在小学数学课堂教学中所开展教学活动依然将应试作为最终目的，不仅给学生抽象思维发展带来不良影响，并且给学生核心素养发展带来了制约[②]。之所以应试教育模式及理念没有积极转变，不仅是老师的责任，同时也与学校教学理念息息相关。在调查问卷中，笔者设计了以下问题："在学校会参加一些培养创新思维的小活动吗？"通过图 3-15 可以发现，认为总是参与学校培养的创新思维活动学生占比不足 9%，而认为经常参加此种活动的学生占比超过 40%，也有部分学生认为，只是偶尔参加此种活动，占比为 30.6%，也有学生认为，从来没有参加过学校开展的此类活动，占比为 18.6%。

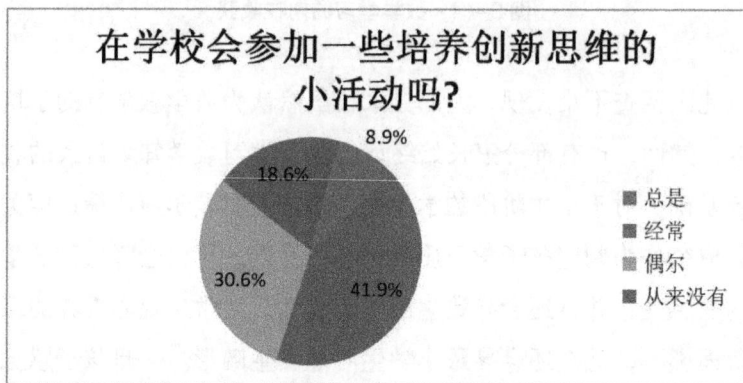

图 3-15　学校发展学生数学思维能力程度

2. 教学中教师教学两种极端现象

在教学中，诸多因素会给学生抽象思维发展带来影响。例如，老师没有对研究数学体系理论进行高度关注，致使课堂教学开展中，理论及逻辑基础

① 薛雅文. 教学生活化，课堂互动化——浅析小学数学教学模式创新研究 [C] // 中国陶行知研究会. 第八届生活教育学术论坛论文集. 第八届生活教育学术论坛论文集，2023：330-332.

② 费婷. 在小学数学课堂上借助电子书包促进数字化教学的研究 [J]. 小学生（上旬刊），2023（02）：10-12.

匮乏，老师只是按照自己的想法开展教学①。此种环境下，学生不能有效地构建数学逻辑思维以及知识模型，学生虽然可以掌握相关的数学知识，但却不知如何应用该些知识。该问题也是现阶段小学数学教学中存在极端问题②。此外，另一个极端问题为：过度强调学生自主意识，这是目前在落实核心素养过程中，教师普遍存在的问题。在实践教学中，老师为学生设置学习目标，并赋予学生充足的时间来完成该目标，学生对教学目标有所理解的基础上进行自主学习，但是此种方法，没有关注学生身心发展特点，任务目标与学生自身学习状态不符，学生没有头绪的进行自主学习，该种情况在降低学生抽象能力的同时，还会给教学质量和效率造成影响。

（二）数学推理固着化原因分析

1.推理教学重结论，轻过程

推理主要包括两个方面，即论证推理、合情推理，其中论证推理也被称之为演绎推理，该种推理模式是从思维进程中由一般至特殊的推理过程。在推理过程中，主要以逻辑及论证逻辑形式为主。对于合情推理，可以从字面上进行理解，也就是合乎情理的推理，其是一种较为合乎情理且自然的推理，在使用合情推理过程中，主要将数学事实及正确的数学理论作为推理依据，同时也可以结合自身数学经验及数学直观实施推测，从而获得某种结果，其最为突出的特色便是思维的非常规性、结论的必然性。

笔者在设计学生问卷时，设计了以下问题，"老师在引导你解决推理性问题时"，该问题是为了更好地了解小学数学教学中学生推理能力状态。从图 3-16 可以发现，认为老师在教学中引导自己解决推理性问题，将掌握结论作为目的的学生占比近 40%；也有一些学生认为，老师在教学中引导自己解决推理性问题，主要目的是为了让自己明白道理，占比 24%；部分学生表示，在教学中，老师引导自己解决推理性问题是为了更好地解决实践中遇到的问题，占比为 29.6%；也有其他学生表示，并不清楚老师指导自己解决推理性

---

① 费婷 . 在小学数学课堂上借助电子书包促进数字化教学的研究［J］. 小学生（上旬刊），2023（02）：10-12.

② 陈晓峰 . 深度学习视域下小学数学教学探索［J］. 小学生（上旬刊），2023（02）：61-63.

问题的目的①。占比为 6.7%。从数学角度来讲，推理是其基础的思维模式，同时也是发展数学核心素养不可或缺的重要能力，其涵盖合情及演绎推理②。但是通过以上数据我们可以发现，小学老师在开展推理教学期间始终将结论放在首位，没有对过程给予过多地关注，此种推理教学无法有效提升学生数学推理能力③

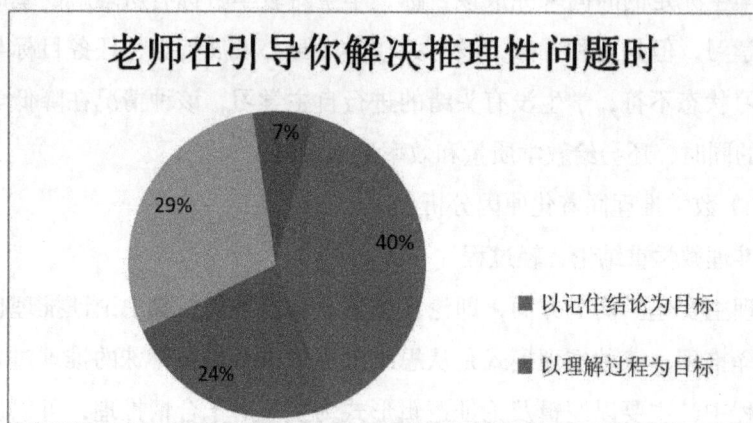

图 3-16　解决推理性问题的目的

2. "随波逐流" 的学生从众心理

在学生调查问卷中，设计了如下问题 "在解决推理性题目时你是怎么做的问题？" 从图 3-17 可以发现，在解决推理性问题时，独立思考类型的学生占为 33.5%；学生先自己思考，而后与同学沟通来解决推理性问题的学生占比为 38%；也有部分学生会选择直接询问别人，占比为 12.6%；一些学生在解决推理性问题时，会直接向老师提问，占比在 12.3%。在培养和提升小学生数学核心素养期间，数学推理能力是其基础能力之一。小学生在解决推理问题的整个过程中，解决方法会对其自身核心素养发展带来显著影响。当学

　　① 石永生. 探究学生自主学习能力在小学数学教学中的实践发展［J］. 小学生（上旬刊），2023（02）：133-135.

　　② 任明双. 思维导图在小学数学教学中的运用和思考［J］. 陕西教育（教学版），2023（Z1）：98-99.

　　③ 魏小玉. 小学数学项目化学习的设计和实施［J］. 学苑教育，2023（04）：59-61.

生遇到推理性问题时，可以选用最佳的方法进行解决，在促进其推理能力发展的基础上，还可显著提升学生品格。

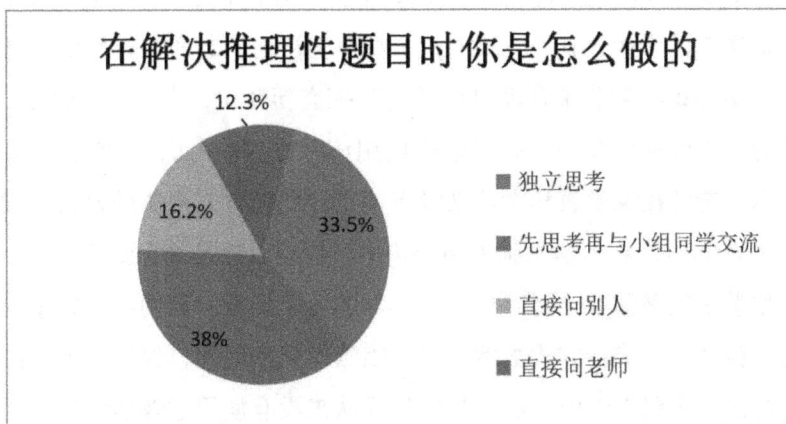

图 3-17　解决推理性题目做法

通过调查的数据不难发现，多数学生在参与推理能力训练过程中，一旦遇到无法解决的问题后，便会请求他人的帮助。此种情况虽然可以在快速解决推理问题，获得结论，但是并不是学生自己建立的推理模型，不能有效提升学生思维方式，整个学习过程对于学生综合发展没有太多的帮助。

（三）数学建模模式化原因分析

1. 教学时欠缺对建模能力的培养

当小学数学教师在对学生进行建模能力培养时，可以将抽象的数学知识点简化，降低学生的理解难度，采用独特的数学语言开展教学，以此来解决数学建模中出现的问题，提升学生的数学学科素养。在进行数学建模过程中，可用数学语言来描述世界，数学模型的出现，推动了数学教学的进一步发展，摆脱了原数学世界，其是数学与现实连接的纽带。简而言之，利用数学语言来描述实践真实场景便可称之为数学模型。由于数学建模对各方面能力要求较高，而对于小学生而言，因为其身心发展不完善，各方面能力薄弱，因此，应加大对小学生模型思想培养的重视度，使小学生更好地理解和掌握建模基础要求，其是小学生今后构建数学模型及发展核心素养的重要因素。但是在实践教学中，老师并没有对此种能力的培养给予高度重视，该种不足在"课堂中老师会用熟悉的数学模型帮助探讨新课吗？"调查中充分地显露出来。

通过图 3-19 可以看出，在数学课堂中，认为老师每次都会应用数学模型推动新课探究的学生占比为 12.3%；一些学生认为，老师在教学中经常会使用以往所学知识或经验来帮助自己了解和探究新知识，占比为 49.7%；部分学生认为，老师在教学中只是偶尔会使用该种方式，占比 35.2%；也有少数学生表示，老师在课堂教学中从来没有使用过此种方式来协助自己探索新知识，占比为 2.8%。在数学基础思想结构中，模型思想是其重要的构成，部分老师在教学中应潜移默化将其渗透到教学的各个环节，利用以往熟悉的数学模型构建新知识，该种方式虽然不能代表数学模型思想，但是其关键的构成部分。在课堂实践教学中，若只是偶尔或从来没有使用过教学模型协助学生探索新知识，不利于培养和提升数学建模能力，而这也是当前急需解决的重要问题。

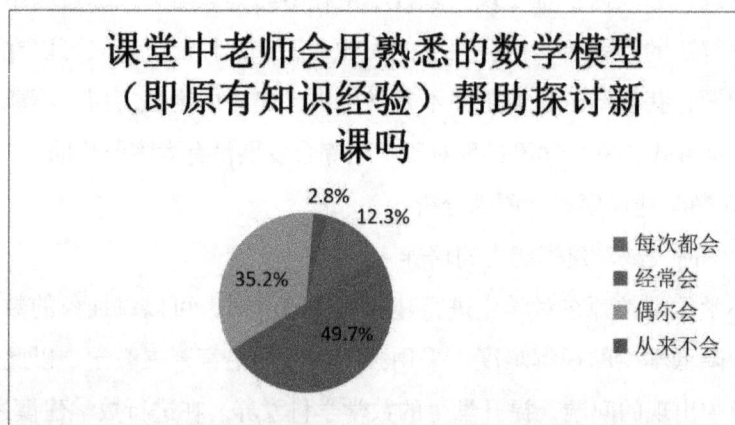

图 4-19　教师是否用模型探讨新课

2. 学生大多数缺乏将数学知识应用于生活中的能力

老师在教授学生数学知识时，在使学生掌握数学知识的基础上，还应引导学生将所学知识用于实际生活当中，该内容也是核心素养所强调的，提升学生数学知识实践应用能力，是促进小学生全面发展行之有效的途径。在设计的学生调查问卷中，笔者设计了这样的问题："你经常用数学知识去解决日常生活中的实际问题吗？"该问题主要是为了对学生在生活中应用数学知识的情况进行了解，从而更好地掌握学生数学知识的应用能力。

从图 3-20 可以发现，部分学生每天都会用所学的数学知识来解决生活实践问题，占比为 8.4%；也有一些学生在生活中经常会使用数学知识解决相关问题，占比为 14%；部分学生只是偶尔会利用数学知识来解决生活实际问题，占比为 56.2%；也有部分学生在日常生活中从来没有应用数学知识来解决时间问题，占比为 21.5%。通过调研所获得的数据可以发现，大部分学生缺乏将数学知识应用于解决生活实践问题的能力。学习的主要目的是为了更好的使用知识，而该项调查数据显示，大部分学生并不能利用所学的知识来解决日常生活中遇到的问题，这种现象与数学核心素养相违背。

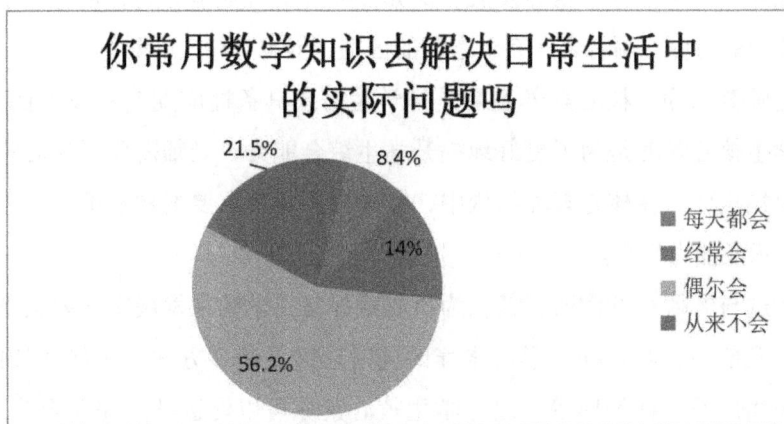

图 3-20　数学知识应用于生活的频率

学生在学习过程中，不仅是为了掌握数学知识及相关技能，更为重要的是应将所学知识应用到日常生活中，解决实践问题，如果学生只是一味的学习数学知识，并不知道如何将知识应用于生活中，所学知识会失去其真正价值，将数学知识应用到实际生活中不仅是数学核心素养所强调的，也是人类今后发展的必然需求。通过对小学生调研发现，多数小学生在学习中将数学知识作为彰显自身能力的工具，没有对学习数学知识有更深的理解，此种情况是很难激发学生潜在的学习动机，对于学生核心素养发展等方面均会带来不同程度的阻碍。

3. 教师在数学核心素养上界定不清

老师在开展数学教学期间，核心素养和数学核心素养是教学的关键理论基础。只有老师全面的理解两者间的差别及内涵，才可有效地将其深入到教学实践中，促进学生全面发展①。因此，在设计访谈内容期间，笔者将核心素养以及数学核心素养内涵、区别以及相互关联作为切入点。

在与教师 A 的交流中，其认为核心素养相较于数学核心素养而言，前者囊括的范围更大，核心素养对人的整体要求更高，更加关注个人的综合发展。例如，基础知识以及基础技能等。与此同时，其还蕴含基本情感，例如学习意志、学习方法以及钻研精神等②。相对来讲，数学核心素养涵盖的范围较小，其更加倾向于学生基本素养发展，例如，提升学习数学能力、强化学生数学知识使用能力等，两者之间有着本质的区别，但也有相应的联系。

老师 B 认为，核心素养主要是指学生需要具备适应期终身发展的品质，培养学生核心素养是为了更好地提升学生综合能力，老师需要对核心素养的理解更加全面。在核心素养结构中，数学核心是其重要的构成部分，主要以数学知识及能力为主。

通过与老师 C 的沟通，其认为核心素养是指学生在发展中需要具备的优秀品格及能力，其在涵盖学习素养的同时还涉及诸多方面，例如认知能力、责任担当以及身体健康等。培养学生核心素养可以促进学生完善自身人格，而核心素养相较于数学核心素养，两者之间最大的区别是核心素养，其涵盖了学生学习以及生活等多个方面，而数学核心素养强调在数学领域中培养和提升学生数感，强化其对数学符号的应用能力，拓展学生数学思维。

通过访谈不难发现，三位老师对于核心素养及数学核心素养的界定有所不同，同时对于两者间的联系以及区别理解深度不够，致使教学中经常将数学核心素养视为数学学科中发展的核心素养，因为对核心素养界定不明确，

---

① 陈娴.浅谈小学数学教学中学生表达能力的培养［J］.学苑教育，2023（04）：92-93+96.
② 钟锦照.小学数学作业中核心素养的培养方法研究［J］.智力，2023（04）：116-119.

老师在实践教学当中，极易发生各种问题。比如，过于重视对学生情怀的培养，没有对数学学科特殊性给予过多的关注，只是重视整体素养的提升。此外，大部分老师在教学中，由于高度关注数学核心素养所具备的作用，片面地认为学生核心素养在其他学科中同样可以实现，使得在数学教学中始终将强化学生的运算能力放在首位。

3.3.3 数学品格及健全人格养成问题原因分析

（1）初任教师与经验丰富教师的区别

在数学核心素养的不断落实，推动了小学数学教学改革速度，笔者在访谈中，将三名教师作为访谈目标，其中两名老师资历较深，经验丰富，而另外一名老师刚刚踏入该行业[①]。三位老师在访谈中，均耐心回答了访谈中提出的问题，并阐述了自己的见解，但经验丰富的老师与初任老师间的区别也非常明显。笔者对访谈内容及结果进行了归纳，认为他们之间最大的问题就是观察和分析问题的角度不同。比如，在界定核心素养方面，初任老师将其定义为：为促进学生发展所需要具备的能力和品格，其涵盖了学习素养以及认知能力、责任担当等方面，是学生完善自身人格不可或缺的要素。但资历较深的老师在界定核心素养时，结合自己的理解进行定义，其认为，核心素养中最为重要的是对学生整体的要求，更加关注个人的综合发展，其不仅涵盖基础知识及技能，并且还包含基础情感，例如人与人之间的合作以及竞争等。

（2）缺乏对学生数学情感与品格的培养

小学生在学习数学知识中，老师应为其创设熟悉的情景教学，在对低年级学生开展数学教学时，让学生研究自己所熟悉的数学问题是非常重要的，这样可有效防止数学中的数字给学生带来的不良影响。为此，在教学中，老师应积极创建与学生生活环境密切相关的学习情境，强化学生学习数学知识的热情，使其可以更好地掌握数学知识形成及发展过程，在学习中不断积累情感体验，感受数学知识所蕴含的巨大力量[②]。

---

① 韦大全.小学数学学困生计算题审题错因分析与对策研究［J］.智力，2023（04）：124-127.
② 陆彬.小学数学教学中创设有效问题情境的策略思考［J］.智力，2023（04）：128-131.

在培养数学情感及品格过程中，应将其渗入到数学学习的各个环节中，在教学的某个环节并不能有效培养学生数学情感与品格。但是大部分数学老师在教学中，并没有对该些内容有深入全面的认识，个别老师片面地认为，培养和提升学生学习情感及品格与数学教学没有太大关联，主要是在品德课中学习和培养的，不是数学课堂教学的任务。此种观点显然是错误的，但是由于该观点的存在，给培养学生数学核心素养造成了严重影响。同时由于小学生对情感的认知较浅，大多数家长对于培养数学情感集品格的作用缺乏全面深入的理解，在诸多因素的影响下，加大了学生数学情感及品格培养的难度。

（3）家长依旧最为关注学生数学基础知识的提高

伴随着新课改的持续深入，为了进一步满足社会、生活的发展需求，教学从以往的"双基"向"四基"转变。"四基"主要由以下内容构成，即基本知识、基本技能、基本思想以及基本活动经验。从图 3-21 可以看出，部分家长认为，学生学习数学知识有助于强化孩子基础知识，占比为 59.5%；也有部分家长提出，学习数学知识有利于提升孩子的基础技能，占比为 29.7%；少部分家长认为，学习数学知识可有效改善学生基本思想，占比为 8.1%；也有部分家长认为，学习数学知识可提高孩子基本活动经验，占比为 2.7%。在落实义务教育过程中，"四基"是其重要的构成部分，同时也是数学核心素养发展的关键要素。

图 3-21　家长对"四基"的看法

　　不难发现，大部分家长对孩子在学习数学知识后，对其获得的知识较为重视，但是对于学生其他方面关注度不足，例如解决数学问题能力、思考数学方法以及参与活动后所获得的检验等。多数家长没有认识到孩子基础知识与数学技能、数学思想以及数学活动之间的联系，对于数学知识而言，基础知识仅是其构成的一部分，"四基"缺一不可。若只是过度重视孩子学习数学的态度，会给培养其数学情感带来制约。

4. 新课标背景下小学数学教学改革对策

4.1 思维方式问题对策建议

以核心素养为基础的小学数学课堂教学，应该将核心素养作为基础，以促进学生全面发展、提升学习效率作为目标，持续针对数学课堂进行优化及创新。一直以来，小学数学教材都是以分析及总结作为重点，而学生生涯中，数学学科始终占据核心地位。简单来说，数学核心素养就是学生在学习数学知识过程中，使自身综合能力得到有效提升，不能单纯指某一项特殊知识或者技能，并不包含老师所指个别学生具备的数学能力。虽然数学核心素养将数学知识技能作为根据，但同时又超越数学知识技能。数学核心素养是对数学本质及理念的重要体现，使学生学习数学知识过程中形成的综合性和整体性特征。当前阶段的数学教材内容与学生数学核心素养的形成存在直接联系，对于学生了解数学内涵、数学设计及实践、数学核心素养的创新来讲均有至关重要的作用。而数学思维方式是构成数学核心素养的关键，不仅要求数学教师给予足够的重视，同时需要由学生层面着手，开发学生的发散思维。但教学实践过程中，不但对于学生思维深度的培养存在不足，并且在思维拓展方面有待强化。导致学生思维深度不足的主要原因在于教师没有明确教学目标、教师受限于教材，但未能体现教材价值、学生学情存在差距等；造成学生思维发散不够的主要原因在于，教师开展教学活动时仍以传统教学模式作为主导、自身教育水平有限、家长不够重视学生发散思维的培养几个方面。现根据上述问题及造成问题的原因，由学校、教师以及家长三个层面提出有效的应对策略。

4.1.1 教师角度对策建议

（1）明确目的，强化深度

数学教学活动中，数学核心素养作为理论框架，对于数学教学的发展具有一定支持作用，但综合发展不但让学生面临新的挑战，同时使数学教师面临较大压力。教师培养学生数学核心素养过程中经常出现力不从心的感觉，应该由宏观层面出发，强化自身专业水平，认识核心素养，教学实践过程中，应该做好课前准备，不仅包含课堂内容，同时需要由学生层面出发[①]。学生思维处于不断发展的阶段，正是培养思维能力及创造能力的最佳时期，所以教师应做好充足准备。与此同时，因为课型、学生特征均存在一定差异，教师需要不断更新教学手段及模式，方能实现预期的教学效果和教学目标，这也是教学实践的重要根据。教师可以通过课堂教学活动观察学生，调整教学方案，最终实现培养学生核心素养的目的。

（2）基于教材，回归现实

教学实践过程中，教师应该与学生特征及学习习惯相结合，对学生进行正确引导，使其将现实生活作为基础，通过对自然环境的认识掌握数学规律。因此要求教师重视生活细节，并且能够在教学活动中加以应用。不但能够使小学生认知特征得到满足，同时能够拉近学生与数学知识间的距离，激发学生发散思维。课堂教学时，教师可以在知识讲解过程中融入教学情景，为学生创造生动的学习氛围，引导学生学以致用，将所学数学知识运用到日常生活中，这也是学习数学知识的基本目的，不仅可以锻炼学生思维能力，同时可以使其将课堂知识延伸到生活中，在有限的课堂时间内对知识进行整合、创新、积累及实践。例如，教师教学地板砖面积和房间面积的关系时，可以

---

① 韦大全.小学数学学困生计算题审题错因分析与对策研究［J］.智力，2023（04）：124–127.

教导学生将地板砖尺寸及房间面积作为根据，计算铺设房间的总面积[①]。教学统计知识及百分比时，学生可由实际情况出发计算班级学生总人数、在校学生数以及男女占比等；同时可以引导学生如何在现实生活中认识 1kg 及 500g；或则在课堂教学过程中引导学生对教室内的门、课桌以及黑板的长、宽、高进行测量[②]。在教师引导下，提升学生学以致用的能力，同时可以在应用过程中进行思考，学习如何举一反三，从而开发学生思维深度及广度。

（3）针对特点，发展思维

教学过程中，教师应足够重视学生间的差异，不但包含个体差异，同时涉及知识掌握的阶段性差异。开展教学活动时，如果可以对学生个体差异表示足够的重视，可以让所有学生通过教学活动得到进步，而学生个体差异也是造成教学困难的关键所在，若想在此情况下开发学生思维能力，就需要教师重视所有学生，注重因材施教，根据学生不同特征制定针对性的考核标准。同时需要在评价方法、课后检测以及学习要求方面保持均衡，推动学生形成数学逻辑思维，进一步培养学生学科素养。不同年龄的学生，发展需求也因人而异，这也是学生的阶段性差异。培养学生核心素养时，教师应该注意进度，不可过犹不及，需要将学生特点作为基础，合理制定教学方案。比如，针对高年级学生来讲，可以采用小组合作的方式，更符合学生学习需求；而教学低年级学生时，要求教师注意时间及进度，可以在学生自主学习过程中找到引导的切入点，推动学生在和谐的学习环境中有所进步。

4.1.2 家长角度对策建议

（1）提高关注，培养习惯

导致孩子认知不足的主要原因在于日常生活中家长对孩子缺乏关心，这也可能影响学生心理健康，因为孩子天生对家人具有强烈的依赖性，而孩子的成长过程通常需要多方引导，并且知识结构具有一定复杂性。作为学生家长，更应该关注学生综合发展，日常与孩子进行情感交流，不应该因为孩子

---

① 韩亚芳 . 新时代背景下小学数学教学中德育的渗透实践［J］. 吉林教育，2023（04）：77–79.
② 沈天红 . 浅析思维导图在小学数学教学中的应用［J］. 学周刊，2023（04）：37–39.

学习问题而忽视情感沟通，如此不但可能干扰学生数学思维能力的开发，并且可能影响亲子关系，进一步导致孩子叛逆，对家长的教育权威形成挑战。家庭教育过程中，家长作为孩子最信任的人，应该进行正确引导，使其学会提问及反思，逐渐养成良好的学习习惯。比如，学生从学校返回家中后，可以通过交流的方式引导孩子进行复习，询问当前在校情况，今天老师都讲了哪些知识？老师都问了哪些问题？同学们是怎样回答老师问题的？孩子在回答一些问题时，可以适时提出"为什么？""你觉得呢？"等反问，鼓励孩子表达内心真实想法，并引导孩子进行自我评价。或者，家长可以在与孩子沟通时，故意漏出一些破绽，制造小失误，引导孩子积极发现问题、解决问题，并对问题解决结果进行评价，以这种方式锻炼孩子独立思考的能力，开发孩子发散思维，培养孩子提问的好习惯。

（2）举一反三，运用生活

《论语·述而》中提到，"举一隅，不以三隅反，则不复也"。意思是说通过我给你提供的墙角，你应该积极考虑这个墙角以外的三个墙角，假如你无法做到这一点，我也就不会再继续教导与你，这便是后来人们常说的"举一反三"，具体含义是指，能够灵活学习某一件事，同时可以在其他事情中加以应用。个别学生家长经常会说，"我家孩子平时很努力，并且还会参加课外辅导班，强化知识，为了提高学习成绩，花费了孩子大量精力"。但每次遇到考试，这些学生便会体现出反应迟钝、思维狭隘等弊端，解答试题过程中，虽然能够给出正确答案，但缺乏灵活性和机动性。因此，孩子日常学习过程中，家长应该着重培养孩子逆向思维，因为孩子思维较为单纯，虽然理解问题较为容易，但却无法深入，也无法对问题进行拓展。因此，应该重点培养学生举一反三的能力，使其能够在日常生活中灵活应用数学知识。本质上来讲，举一反三也就是人们常说的"师傅领进门，修行在个人"，所以要求家长在生活上给予孩子正确引导，开发孩子发散思维能力。

（3）懂得陪伴，利用生活

家长教育孩子过程中，常受自身情绪影响，例如在面对孩子一些错误行为时，不注意尊重孩子自尊心，出现过激言语，"如你可真笨……"，"你看看

XXX"，"人家学习多好，你怎么就不行？"虽然一些孩子思维不够灵活，思考问题存在局限性，但可以在家长及教师正确引导下得到改善。而导致孩子思维受限的主要原因是日常缺乏训练，加之外部环境影响导致。家长应该发挥自身引导作用，在孩子成长过程中与学校教育相结合，孩子完成一件事后，不吝鼓励与表扬，或者孩子遇到学习问题时与孩子共同讨论，而不是单纯的训斥和指手画脚。日常生活中，为孩子创造自由、民主的讨论及沟通环境，在孩子遇到困难时，相互讨论及交流，在孩子想到新的解题思路时，家长应该作为一个耐心的倾听者，与孩子一起探讨解题方法的独到之处。通过解决数学问题，开发孩子自由辩论的能力，拓展辩论范围，让孩子能够深刻理解问题，帮助孩子冲破原始思维桎梏，培养孩子灵活思维方式，进一步提升数学学科素养。

4.1.3　学校角度对策建议

（1）积极研讨，提高水平

教师的整个从教生涯需要不断接受教育与培训，因为提升教师专业水平并不仅仅是教师自身的主要责任，应该由学校层面出发[①]。在教师入职前、入职后以及从教期间进行系统教育，这也是教师发展的必经之路。结合师范学校以及继续教育培训机构，形成联动机制，持续强化教师专业水平，双方保持良好的沟通关系，在教师队伍建设过程中添砖加瓦[②]。因为教师的整个从教生涯是持续发展的过程，因此学校应该为教师提供自我发展及提升的机会，从而提高教师教学水平，只有教师具备充足的教学能力，才能积极探索教学过程中隐藏的思维问题，并持续进行改进，开发学生发散思维。

（2）开展活动，丰富评价

孩子每天在课堂上学习数学知识的时间有限，使得数学核心素养培养存在时间限制，无法在有限的时间内实现教学目标，更遑论培养学生核心素养，

---

① 周正文.智能化时代的小学数学教学策略创新——以交互智能平板教学实践为例 [J].教育界，2023（03）：113–115.

② 赵亚平.对小学数学教学中实施小组合作学习的思考 [J].甘肃教育研究，2023（01）：42–44.

不但使学生面临沉重的学习压力，同时使教师面临新的挑战。培养学生数学核心素养不应该局限于课堂教学，应该同时向学生各个方面进行拓展。学校可以组织学生参与数学活动，丰富学生数学知识，让学生深入了解数学知识内涵，激发学生学习积极性，强化数学知识应用能力，不但能够缓解学生的学习压力，同时可以为数学教师提供新的教学思路，这对于培养学生数学核心素养来讲具有积极作用。教师可以通过创设问题情境的方式，评估学生数学思想，或者通过学生解决数学问题的过程判断教学效果[①]。与此同时学校可以将思维能力测试纳入数学考试中，以此为基础了解学生数学思维能力。比如，在数学考试中设置开放性问题：利用长度为80cm的绳子围成长方形、在没有小树及分数的情况如何求得最大面积？通过学生解答问题的过程，能够判断学生是否理解什么是最大面积，可以引导学生提出一些自己的见解，以此评估学生思维水平。

4.2 关键能力问题对策建议

4.2.1 教师角度对策建议

（1）提高水平，关注能力

教师在教学过程中发挥至关重要的作用，教学质量的好坏通常受教师队伍专业水平的影响，若想提升师资团队整体水平，应将教师作为核心，只有教师由自身出发，持续完善与发展，将成为一名成长中的教师作为毕生所愿，才能由基础上提升教师队伍整体水平，在贯彻核心素养教育目标的前提下，平衡公平与效率，这也是对当代教师提出的最新要求。通过教师提升自身教学能力，让所有学生自身素养均能得到发展，达到学以致用的目的，致力于成为一名培养学生核心素养的全能型教师。所以教师不应将学校培训作为提升自己的唯一途径，需要由多个层面着手，持续发现自身存在的不足之处，

---

① 余婷.活动化教学在小学数学教学中的运用研究［J］.新课程导学，2023（03）：56-58.

不断反思成长中的问题，从而在教学过程中作为教师应该具备提升学生核心素养的关键能力，将学生数学核心素养推上新的高度。

（2）界定概念，加深理解

虽然核心素养是近年才被提及的教育理念，但随着时代变迁，逐渐受到教育界广泛关注。核心素养不应作为一句空话，需要在各个学科教学活动中加以落实，同时需要保证数学核心素养能够与各学科核心素养保持一致。各个学科教师在贯彻核心素养时，首先应该明确核心素养与所教学科核心素养间的关系，厘清二者之间的差别。但相关调查结果显示，大部分教师在理解核心素养内涵时都存在一定片面性，或者没有清晰界定核心素养概念；个别教师甚至以为教学过程中能够融入小组合作学习这个环节便是在培养学生核心素养。因为地区以及当地教育资源间的差异，国内偏远地区的农村教师可能连核心素养定义都无法理解，因此对教学实践造成限制。上述已经提到，教师应该持续针对自身专业水平进行提升，其中同时包括对核心素养得到认识，但在此依然需要强调这一点。如果教师没有对核心素养产生正确的认识，将怎样在教学活动中培养学生核心素养？是当前教师团队急需解决的重点问题。2013 年，辛涛教授等人在《我国义务教育阶段学生核心素养模型的构建》中提出，必须培养学生核心素养的教育理念，使得核心素养在之后的几年中逐渐受到国内教育界重视，并在当前阶段形成一定效果。在当前理论背景下，教师可以在教学实践过程中融合相关理论知识，甚至作为专家型教师可以再次将实践结果升华为理论，使我国核心素养体系获得可持续发展。

（3）学有所用，联系实际

数学来源于生活，最终也会回归于生活，尤其是小学数学更是如此。课本中的数字符号或者数量关系生活中随处可见，对于学生通过课本学到的数学知识，教师应该发挥自身引导作用，让学生能够在日常生活中加以实践，教导学生观察生活中的数学元素，解决生活中的数学问题[1]。比如，学生学习"容积和立方体体积"等相关知识后，可以让学生算一算房间大小或者喷泉的

---

① 钱志炎. 转化思想在小学数学教学中的融入研究［J］. 试题与研究，2023（03）：123-125.

体积等。教学实践过程中，普遍存在这种情况：学生遇到教师提出的问题后，会感觉困惑，无法真正理解教师的想法。虽然教师已经为学生提供充分的指导，但学生却无法真正体会。主要是因为教师没有考虑学生的思维特征，没有出于学生角度设置问题。所以，教师不仅需要了解学生情感特征，同时应该由学生年龄及认知层面出发，设计开放、丰富以及有趣的问题模式，才能创造引人入胜的教学情景，促使学生积极参与到数学教学活动中来。让学生通过积极探索、交流探究以及自主合作等途径，创新思维模式，提升学习能力。学生学习数学知识过程中，可以发现生活中隐藏的数学元素，全身心投入知识海洋中，通过生活化及情景化的学习环境，形成数学能力。通过教学活动，教师和学生精神层面均得到升华，激发活力。数学教学应立足于生活，学生只有融入生活，体会数学知识的魅力，才能对数学产生学习兴趣，进而更加深入的学习数学知识。

（4）自主合作，三维目标，融会贯通

培养学生数学核心素养，推动学生全面发展的六大关键因素中，重点便是结合三维目标和自主合作。但应该怎样结合，应该没有人比一线教师的话语更具有权威性。以下为三位教师针对自主合作结合三维目标提出的一定见解[1]。

教师 A 提出，合作探究作为教学模式，更倾向于培养学生人文素养及合作交流的能力，也就是参与及合作的能力，在学生学习数学知识过程中以小组合作探究的方式进行监督。三维目标不仅包含知识和技能以及过程与方法，同时涉及情感态度和价值观，三个指标中，首先是指学生学习技能和知识，其次是指学生的学习过程中，学会学习，并持续提升，最后则指的是学生培养学生情商以及学生对待情感的态度。因此，合作学习也就是实现三维目标的一种途径，都是为培养学生核心素养，促进学生全面发展。对于一线教师来讲，不但需要重点培养学生知识和技能以及学习方法和过程中，并且需要重视学生的情感态度和价值观，提升学生社会交往及处理事务的能力[2]。

---

① 赖忠霞.小学数学教学中微课应用现状及优化对策研究［J］.考试周刊，2023（04）：67-70.

② 马雪亭.小学数学教学中发展学生数学核心素养的策略探究［J］.考试周刊，2023（04）：71-74.

这种情况下，教师在指导学生开展教学活动之前，首先应该明确教学目标，比如学生的学习收获是什么？通过学习知识实现怎样的目标？学习过程哪些方面得到提升等，教师应该做到心中有数，之后才能进入实践环节。明确教学目标后则进入教学设计阶段，教师应关注所有细节，为教学目标的实现提供依据。

教师 B 提出，首先应该重视学生间的差异特征，构建民主、公平的教学环境，让所有学生在课堂学习中勇于发言。其次教师应该擅于设置问题，掌握整体学习过程。最后重视教学评价，不仅针对学生知识掌握情况来讲，同时包含学习能力、情感态度及价值观。

教师 C 则提出不同观点，在自主合作中结合三维目标，比如，教学低年级学生 10 以内加减法时，学生受到自身年龄特征影响，更倾向于这种动手操作的学习方法，因此教师应该在教学中多加应用，使其成为小组学习的主要方法，帮助学生积极探索解决数学问题的办法，通过小组探究的方式明确解题过程及方法，进而收获更多的数学知识，使学生学习能力得到有效提升。教师利用这种教学方式，让学生在探究中领悟合作学习的快乐和优势，感受数学知识的魅力，从而培养学生的情感态度及价值观，为教育事业做出一份贡献。

4.2.2 家长角度对策建议

（1）完善自身，提高认识

苏霍姆林斯基提出，儿童如同未经雕琢的玉石，需要经过六道工序才能大放异彩，依次是：儿童家庭生长环境、学校的学习环境、日常生活环境、儿童自己所具备的主观能动性、日常阅读的书籍以及发展过程中的契机等。其中，家庭占据主要地位，主要因为儿童第一个接触到的便是家庭环境，也可以说是儿童成长的"摇篮"，而家长是儿童的启蒙老师，不仅对儿童发展负有主要责任，同时这也是作为儿童家长的关键义务[①]。换而言之，家庭教育是

---

① 董兵.小学数学教学中培养学生数学思维能力的策略［J］.智力，2023（03）：1-4.

个体成长的基础和起点，为儿童后续发展提供重要的引导作用及促进作用[①]。所以，家长应该深刻认识到数学核心素养的关键价值，承担家庭教育的主要责任，才能有效推动学生健康发展。

（2）理解概念，充实理论

相关调查结果显示，家长更倾向于数学"四基"中的基础知识。以往的"双基教学"，指的是基础知识和基本技能，只能为"三维目标"中的知识与技能提供服务，而基本思想与基本活动经验则囊括了丰富的情感态度及优秀的价值观。数学核心素养并不单纯指学习知识，同时包含学生学习数学知识后，品格、思维、情感及能力的全面提升与发展，如果仅仅注重数学基础知识的学习必然对学生成长造成干扰。所以，家长应该知晓培养学生核心素养，应该将"四基"作为基础，主要针对培养更加和谐、统一的人才提出的教育观念。只要家长能够深入理解教师"以人为本"的教学思维，将在培养学生数学核心素养过程中提供有力支持，从而在学生后续成长中发挥作用。

（3）注意方式，积极发展

培养学生素养过程中，家庭环境占据至关重要的地位。家长在孩子成长发育期间具有启蒙作用，良好的家庭教育能够推动学生全面发展。有研究结果显示，家长教育孩子的过程中，通常会体现出两种不同状态，接受——拒绝或者限制——允许，二者结合后形成以下教育方式：权威——民主型、忽视型、专断型以及放纵型。不同的教育方法，能够让孩子养成不同的性格特征和素养。其中，权威——民主型向教育方式，可以培养孩子良好的自主性、独立性以及责任心，提升孩子的社会交往及为人处事的能力，有助于培养孩子核心素养。剩余三种教育方式各有千秋，可能对孩子的成长发育造成不利影响[②]。所以，家长不应将管教孩子作为主要内容，更应该着重培养孩子独立性，为孩子提供成长空间。与此同时，应该注意孩子在家庭环境及社会环境中受到的影响，为创造创造和谐、温馨以及自主的家庭氛围，推动孩子健全发展。

---

① 李喜平 . 谈家校合作在新时代小学数学教学中的重要性［J］. 智力，2023（03）：37-40.
② 陈新兵 . 小学数学教学中估算的重要性及对策［J］. 智力，2023（03）：91-94.

4.2.3 学校角度对策建议

（1）推进理念，提高素养

由教师层面来讲，更应该重视核心素养的理解[1]。尽管当前的教师培养工作已经将教师核心素养作为重点内容，但因为缺乏完整的理论结构，所体现的教育成效也不够具体。教师具有终身发展的特点，但因为各种原因影响，接受能力各有不同。虽然个别教师常将核心素养挂在嘴边，但对于核心素养的理解不够深入，不能明确核心素养的关键内涵，更无法在教学活动中加以实践。因此要求培养教师的过程中，充分体现专业性和全面性[2]。应该通过清晰的语言方式和具体的事件，让教师对核心素养的理解更加深入。只有教师能够真正理解，才能在教学实践中加以落实，保证公平、公正的原则下，提升教学效率，为社会输送更多综合型人才。

（2）活动着手，培养能力

校园数学学习氛围因为数学学科的参与而变得更加富有数学魅力，促使学生深入理解数学、享受数学和热爱数学。学校可以组织学生开展丰富有趣、多姿多彩的数学活动，让学生充分了解数学与日常生活间的联系，明确数学知识的价值及所体现的文化内涵，并能够在生活中加以应用，不仅可以提高学生的数学兴趣，同时有助于培养学生数学情感，提升学习能力。或者根据数学规律设置能够激发学生活动兴趣的数学口号，基于数学知识开展实践活动，使学生课余生活更加丰富，同时激发学生数学积极性，设置活动时，需要考虑学生发展间的差异。比如，可以组织三四年级以上学生参加"数学手抄报"或者"数学思维导图竞赛"活动；组织三年级以下的学生举办"神奇七巧板"活动，或者针对所有学生开展"数学解题能力竞赛"活动等，学生在学校带领下，持续提升关键能力，形成优秀的数学核心素养。

---

① 秦文国.多面教学下，小学数学教学手段的完善措施［J］.智力，2023（03）：107-110.
② 杨秀清.基于数学核心素养的小学数学教学改革探讨［J］.智力，2023（03）：111-114.

（3）完善评价，推动发展

以往的教学评估，通常将学生的知识掌握情况作为主要内容，而忽视了学生的动手实践能力、价值观以及情感态度等，让学生成为学习的"奴隶"，因此不利于学生的全面发展[①]。所以，在核心素养背景下，应将学生作为评价主体，将知识基础作为评价的主要内容，逐渐向技能过渡，重点考核知识的理解与应用，构建将学习作为基础的评估体系。与此同时，应该设置多元化的评估目标，综合评估学生数学核心素养。在此期间，不但需要体现学生的综合发展，同时应该重视学生间的差异，根据个体特征实施不同评价标准，让考核结果更加具有全面性及科学性，推动学生综合发展。

4.3　数学品格及健全人格养成问题对策建议

4.3.1　教师角度对策建议

（1）提升感受，活跃气氛

通过图 4-1 不难发现，大约 54.2% 的学生认为当前的课堂氛围较为活跃；而 36.3% 的学生则认为当前的课堂环境较为复杂；8.4% 的学生提出数学课堂应该具有严肃性；只有 1.1% 的学生认为当前的课堂环境过于枯燥。作为数学教师，应该知晓，获得教学效果、培养学生数学核心素养，不应局限于教师与学生，教学环境同样发挥至关重要的作用。课堂教学过程中，教师与学生、学生相互之间通过教学活动中的主导地位产生的综合心理状态就是良好的课堂氛围。教师应该为学生创造和谐、轻松的课堂氛围，唯有如此，方能体现师生颇具热情的教学及学习态度。明确目标、提升效率，才能赋予学生成就感和满足感，有助于培养学生的数学评估。

---

① 江枫.小学数学教学中培养学生数感的实践思考［J］.新课程研究，2023（03）：126-128.

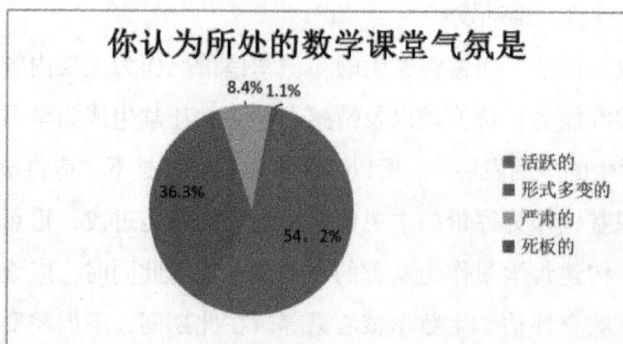

图 4-1 学生所处气氛

（2）师生融洽，培养情感

通过图 4-2 可以看出，大约 30.2% 的学生认为，"心目中的好数学老师"应该具备渊博的数学知识、足够的数学水平；大约 26.8% 的学生更喜欢智慧、风趣的数学老师；5% 的学生认为语言通俗易懂的老师更容易接受；而学生呼声最高的则是具有足够耐心、态度和蔼、细致周到的老师，这样的老师才能被称之为好的数学老师。教学活动离不开教师和学生的积极参与，在此期间，教师占据主导地位，激发学生学习兴趣，致力于培养学生核心素养。所以，教师教学风格、教学水平及态度对于学生的学习兴趣来讲具有决定性作用，只有成为学生喜欢的数学老师，才能提升教学效率及质量，提高学生数学兴趣，进一步培养学生良好的数学品格及健全人格。

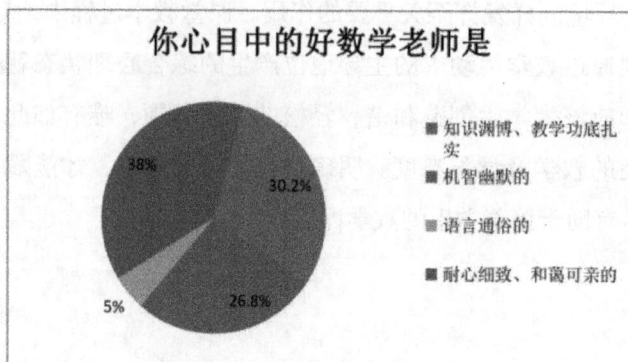

图 4-2 学生心目中的好老师

（3）利用机会，提高品格

学习数学知识过程中同样可以获得情感激励，比如学习圆周率时，教师可以安排学生阅读圆周率的历史，主要目的在于让学生了解圆周率的教育价值，为学生讲述古人研究圆周率的艰辛历程，让学生了解古人研究圆周率的决心，学习计算圆周率的有效方法，在探究相关历史及人类开发数学知识的过程中体会来自数学知识的魅力，提高学生学习主动性，为学生开启学习数学知识的有效路径。与此同时，教师可以为学生介绍刘徽以及祖冲之等数学家在研究圆周率过程中获得的成就，使学生形成良好的民族自豪感。教材中的历史故事并不是空穴来风，而是有理有据的史实资料，希望通过教材中的文字向学生展现圆周率的研究过程及方法，这是教师开展教学活动时树立的情感及价值观教育目标，同时也是提高学生数学核心素养及品格的主要途径。学生通过学习教材中的知识内容，了解古人在数学研究中获得的成就，认识人类智慧，通过赋予学生民族自豪感，使学生发展自身性格的积极性得到有效强化。

4.3.2　家长角度对策建议

（1）重视情感，培养兴趣

具体形象思维是小学生主要的思维特征，主要受到他们自身年龄影响。因此，学生学习数学知识过程中遇到问题属于正常情况，家长不应该因此定义孩子没有数学天分，这样不利于激发孩子的数学兴趣。若想帮助学生建立数学情感，首先应该学会数学知识的实践应用，要求家长能够根据学生学习进度，为其创造学习环境，引导学生在日常生活中应用所学知识[1]。比如，家长可以在孩子学习加减法后，让孩子自行去商店购买物品，并计算应该剩余的金钱数额，在这样的氛围中激发学生数学兴趣，获得学习乐趣。其次，家长应该鼓励孩子动手实践，利用一些通过动手学到的知识提升孩子数学能

① 陈敏.以问促学 以疑导学——问题导学策略在小学数学教学中的运用［J］.学苑教育，2023（03）：29–31.

力①。比如，孩子学习三角形以及四边形时，家长可以引导孩子在生活中观察，看看哪些东西是三角形的，哪些是四边形的，同时可以带领孩子动手制作，提高孩子学习积极性。通过动手实践的方式，不但能够使孩子思维能力得到拓展，同时可以开发孩子的创造能力。最后，家长可以和孩子一起参与竞赛游戏，与孩子一起解决数学问题，营造竞争的氛围，让孩子在经历挫折与成功之后，对数学知识产生浓厚的学习兴趣。或者和孩子进行角色交换，家长扮演学生，孩子扮演教师，让孩子通过指导家长的过程树立学习信心。

（2）提高认识，促进发展

小学正是学生刚刚接触社会、理解社会的重要阶段，能够在不断发展过程中形成世界观、人生观以及价值观，极易受社会不良风气影响，所以小学阶段是培养学生健全人格的关键时期②。随着科学技术水平不断提升，社会经济也获得较大发展，对人才的要求不再局限于专业能力，因此要求学生能够全面发展，以此满足市场经济增长需求，成为对社会有用的人才，这已经不再单纯属于学校和教师的责任范畴，需要学生家长能够积极参与。但当前阶段，大部分学生都是独生子女家庭，家长溺爱孩子的现象普遍存在，导致孩子易形成任性、冲动或者极端的不良性格，在遇到挫折时缺乏抗压能力。如此不但不利于学生自身素养的形成，同时可能对教学效果造成影响，最终体现在学生素养层面。因此作为学生家长应提升自身认知水平，通过与学校保持良好的沟通，促进学生获得全面发展。

4.3.3 学校角度对策建议

（1）反馈及时，评价妥当

新课程标准下，情感及态度主要包含可以积极参与教学活动，具有学习欲望并且喜欢学习，能够在学习过程中取得优异的成绩，可以积极克服困难，并拥有强大的自信心。通过学习了解数学知识在日常生活中的作用，认识人

---

① 戴虎强.新课标背景下小学数学教学方法的创新及对策［J］.科学咨询（教育科研），2023（01）：201-203.

② 董娟.在小学数学教学中如何渗透数学思想方法［J］.现代农村科技，2023（01）：96.

类发展过程中数学知识的价值，对充满探索及创造的数字活动产生学习兴趣，由此形成缜密的数学学习过程，并能够明确数学结论，从而养成实事求是的学习态度，及能够独立思考和提问的学习习惯。评价学生学习成果时，应重点关注学生是否能够在教师引导下积极学习，小组学习过程中学生是否积极表达内心想法，提出疑问并能够通过正确的解题方法获得答案。制定教学评价制度时，学校应该将数学学习作为重点，分析学生是否具备反思与创新的能力，是否能够在日常生活中运用所学到的数学知识，观察学生是否会在问题解决后进行深入思考，拓展新的解题思路，通过探索数学奥秘养成良好的核心素养。

（2）家校合作，提高素养

学校不仅需要强化教师队伍建设，积极开展核心素养教育，丰富教学活动，同时应该由自身角度出发，通过提升家长素质的方式培养学生核心素养。学校可以定期举办家长开放日或者基于家长情况组织座谈会，通过多种途径强化家长对核心素养的认识。与此同时，学校可以将当前现有资源及学生学情作为基础，组织家长进行集体培训，通过学校与家长、教师与学生的多方互动，循序渐进地为家长灌输核心素养及数学核心素养的相关理论，为培养学生数学核心素养添砖加瓦。

5.基于数学核心素养框架下的
小学数学教师专业素养内涵

5.1 发展教师专业素养的意义

北京师范大学师生代表座谈大会召开于 2014 年，习近平总书记在座谈讲话时提到，教育是提高人民综合素质、促进人的全面发展的重要途径，是民族振兴、社会进步的重要基石，是对中华民族伟大复兴具有决定性意义的事业。教师重要，就在于教师的工作是塑造灵魂、塑造生命、塑造人的工作。由此看出，教育、教师、人才对国家的发展是多么的重要，一个国家的发展离不开丰富的自然资源，但同时对人资源的需求更为迫切。教育界很多学者投入了多年的时间对教师的专业能力和素质教育进行了实践研究，分别在 20 世纪 80 年代和 20 世纪 90 年代发表了《明日之教师》、《明日之学校：专业发展学校设计之原则》和《明日之教育学院》三个报告，有些学者在报告中提出，教师教学工作的专业性与教学质量存在相辅相成的关系，所以必须严格要求教师的专业能力，这一发表声明引起教育界对教师教育的高度重视。世界教师职业组织联合会曾提出，教师不仅要重视教育事业发展，更要注重自身专业能力以及综合素养的提升，在发展中不断学习，坚强自己的意志，不断追求上进，积累更多丰富的知识和教学经验，全面提高自身综合素养。从这个时期开始，教师的专业发展成为教育界广泛关注的焦点。近年来，随着新课程改革的不断推行与付诸实施，使小学教育教学模式得到了多方面的改革，其中包括课程与教材的革新、教育、教学的改革等。同时，教师也在教育改革的统筹范围内，教育界很多学者都能清楚地认识到，当今社会小学教育质量完全取决于教师的专业素养，所以对教师的教育改革尤为关注。周宏滨教授指出，在信息、科技、网络高速发展的现代社会，二十一世纪的今天，必须高度重视中国基础教育，建设一支强大的、优秀的教师团队，在最短的时间内提高任职教师的专业能力，针对未来教师的专业素养制定出具体方案，使教师具备较高的专业意识，促进教师教学水平的提升。

现阶段，我国对教育的研究主要以核心素养为主题，其主要目的就是加强社会主义现代化建设，为现代社会发展培养出更多的优秀人才，成为社会发展的坚强后盾。教育是获取核心素养的主要途径，而学生核心素养的形成完全取决于教师是否具备较高的专业素养。所以，在小学教育中应构建完善的核心素养指标体系，在各学科以及数学学科中充分体现出核心素养的价值所在，同时这个过程要在教师的教育中来实现，教师对学生核心素养的形成起着关键性的作用。

培养小学生数学核心素养，数学教师具备较高的专业能力是首要条件，在此基础上将数学课程于核心素养进行有机结合，在数学课堂教学中提高学生的核心素养，达到促进学生核心素养形成的教育要求。所以，数学教师应深刻理解核心素养在数学教学内容中的重要性，并不断学习与成长，实现专业化教学，全面落实数学核心素养教育教学措施，在教学过程中对学生进行有效指引，达到教师和学生核心素养共同发展的双赢效果。

5.2　基于数学核心素养的小学数学教师专业素养构成

小学数学教师的专业能力和教学水平能够标志性地体现出其专业素养。教师职业性质不同于其他职业性质，它具有一定的特殊性，在长期的教育事业发展中形成教师专业素养，它的指向性和专门性是不可替代的。教师专业素养的形成与教师专业发展存在相辅相成的关系，教师在发展教育事业过程中，不断学习与探究，深入了解专业的真正内涵，同时充分发挥自身职能，教化余人，使自己的专业能力得到很好的锻炼。从整体上进行分析，小学数学教师的专业素养包括知识、教学技巧、教学能力、教学水平以及教师的情感世界，其综合性很强。小学数学教师的教学技巧、教学能力、教学水平三者之间互相促进，培养并提升教师专业素养，将教师的专业水平充分体现出来。

（一）专业知识

小学生在课堂教学中学到的数学知识都是一些基础知识，而且知识量有限，易于学生进行理解，教师教授给学生的知识虽然是有限的，但对于教师来讲，他们的专业知识不仅局限于课堂教学内容中，需要掌握更多与数学有关的学科内容知识，并且知识内容极为丰富。近年来，随着社会的发展与进步，不断提高了对社会人才的要求，受到很多教育界的广泛关注，为提高小学数学教师的专业水平，各地教育部门不断开展数学教师解题能力竞赛活动，此活动的举行也决定了对教师职称的评定，由此看出，教育部门对教师解题能力的高度重视。解题能力竞赛活动从客观上来讲，对教师产生一定的压力，但我们又经常会说，有压力才会有前进的动力，才会向着更好的目标努力前行。所以，数学教师通过参与解题能力竞赛活动，对提升他们的教师水平有很好的促进和积极作用。有些学者曾提出，教师既然能够掌握数学知识，那就意味着他具备一定的解题能力，对于数学教师而言，解题能力也是他们在教学中的必备技巧。

我们换一个角度对数学教师的专业知识进行分析，教师对数学知识的掌握度是否和他们专业水平的高低成正比呢？针对此问题，我们走访了多所学校进行了相关了解，结果发现，参与解题能力竞赛活动的教师都接受过很多高等教育，学历水平较高，但从事教育事业的时间较短，缺少在教学方面的经验。当然，在小学数学教育中还有一些中等师范学历的中老年教师，他们的数学专业水平相对较低，有的教师从其他学科转教数学学科，但从事教育事业的时间很长，在教学方面经验丰富，教学水平要比前者高出很多，在教学中的专业性更胜一筹。

陈景润是我国著名的数学家，出生于 20 世纪 30 年代（1933 年），他在生前成功破解了"哥德巴赫猜想"中的"1+2"，这是当时世界著名数学难题，陈景润创造了很高的辉煌成就。一九五三年，陈景润完成大学学业在北京四中当起了任职教师，虽然陈景润掌握了丰富的数学知识和极高的解题能力，当在实际的教学过程中，他无法将数学知识要点流利、清晰地讲解给学生听，言语表达能力有所欠缺，导致教学效果不是很理想，最后经校方领导研究，不再让陈景润为学生上台授课，给他安排了批改学生作业的工作。陈景润从事教育事业时，他的身体素质较低，总会有病缠身，校领导为了让他安心养病，取消了他的教师职务。陈景润作为一名知识渊博的数学家，却不能担任起数学教学任务。20 世纪 90 年代，高等代数、数学分析、解析几何又被称为"老三高"，直到上海师范大学数学科学学院陈跃的出现，将现代数学专业课程加入以上基础课程中，力求培养出专业性更强的中学数学教师。但由于将大量抽象的高等数学知识融入基础课程中，教师很难在较短的时间内对这些知识进行深刻理解，并不会给未来教师在中学教学时带来太大的帮助，因此，这个科学方案没有得到数学教师的支持与认可。马立平是一名在美国留学的博士生，他对美国课题进行了研究，通过研究结果发现，虽然美国很多小学数学教师其学历水平都较高，但他们在教学过程中对数学知识的理解力并不是很高。国内很多小学数学教师虽然没有接受过高等教育，有的教师甚至连高中都没有读完，转入到师范学校接受再教育，成为一名小学数学教师，而他们对小学数学知识的理解更为深刻。这让马立平对两个国家的小学数学知识结构体系产生了质疑，二者之间是否存在不同之处呢？

教师在踏入教育事业的最初阶段，首先要懂得如何才能给学生上好数学课。一位快要退休的教师提出这样的建议："提高教师的教学和学生的学习效率，必须熟练掌握数学教材，了解学生的学习兴趣，满足学生的学习需求"。这句话虽然看似很简单，但这句话可能是很多数学教师凭借多年的工作经验进行的总结。20 世纪 80 年代，舒尔曼将知识概括为三种类别，其中包括学科内容知识、学科教学知识以及课程知识。在这三种类别的知识中，对教师的课堂行为影响最大的就是学科教学知识，是教师都一致认可的基础知识，同时也是教师专业知识主要的组成结构。全美教师资格鉴定委员会曾明确了学科教学知识的重要性，他们认为，教师可以通过学科内容制定有效的教学方案，增加学生对知识的输入量，促进学生学习效率的提升。学科教学知识要求教师理解并掌握教学内容，了解每一位学生的学习情况以及对知识的掌握程度，同时教师要具备丰富的教学经验，在此基础上，教师运用多种方式展开教学活动。现阶段，还有很多学者针对数学学科提出了其他不同的观点，但核心素养对学科整合的目的不仅要求数学教师掌握数学学科教学知识，同时也能对其他学科的教学知识进行整合，这样才能在数学学科中体现出核心素养的价值。

近年来，国家越来越重视学生核心素养教育，同时重点强调信息意识在学生核心素养中的重要性。这就充分体现出，如今的大数据时代，数字化已经成为人类生存的基本能力。随着网络信息技术的飞速发展，人们可以通过网络信息获取更多的知识，让人们深刻地认识到其中的价值要比获得资本高出很多。网络信息越来越全球化，无论是中国还是其他一些国家，都在信息技术的支持下进行发展。很多经济发达国家利用信息技术合理构建核心素养框架，制定核心素养发展指标，对信息素养的关注度越来越高。从教育发展层面进行分析，信息化教育逐渐成为教育行业必然的发展趋势。随着信息技术的不断研发，教育工作者更加关注如何将信息技术融合到教学过程中。美国学者马修·科勒根据学科教学法知识提出的理论推出了技术教学与内容知识（TPACK），技术教学与内容知识与信息技术的整合，能促进教师教育事业的全面发展。从马修·科勒的观点中我们可以看出，在小学数学教学过程中，将多种教学知识内容与不同的教育技术相融合，会从多方面提高学生学习的积极性，学生的学习能力也会明显增强。同时丰富教师的教学知识，将教师教书育人的作用和价值充分体现出来。教育部门应重视数学教师技术教学与内容知识的发展，将信息技术和教学进行有效整合，促进教师教学水平的提升。教师在开展数学教学活动过程中，做到对信息技术的合理运用，在信息技术的作用下降低学生学习数学的困难度，加深对数学知识的理解，让学生懂得现代信息技术的使用方法，使每一位小学生都具备一定的信息素养。

通过对专业知识的深入研究，我们可以发现数学教师的专业知识越来越丰富，教师对专业知识内涵的理解越来越深刻。从专业知识内涵层面来分析，它所涉及的区域极为广泛，其中包括信息技术的知识、教学的知识、数学文化的知识、数学价值的认识、数学学科内容的知识、心理学的基础知识、对学生评价管理的知识以及班级管理的知识等，这些专业知识并非需要教师逐一进行积累，是教师通过对多方面的专业知识进行整合，在实际教学的应用过程中领悟到的，这也印证了学科教学知识在专业知识中的重要性。

（二）专业技能

能够顺利完成某项专业工作或者某种专业任务，就会被认定为专业技能，一个人的专业技能并不是一蹴而就的，通常都是在工作实践中不断积累经验逐步形成的。美国心理学家加涅认为，技能概念就是拓展技能内涵的外在体现，并将技能概括为三种类型，其中包括动作技能、对内调控的认知技能和对外办事的智慧技能。但同时要将技能和能力区分开来，从正确观点来讲，技能和能力从本质上还是有差别的，不能将技能视为能力的重点核心。冯忠良教授是我国著名的心理学家，按照他的观点进行分析，一个人根据自己的能力对整个活动进程进行有效调控，在整个过程中是其心理特征的一种体现，同时也是个人的工作经验，在经验中熟练掌握知识和技能，进一步构成个人的专业技能。通过以上分析我们发现，与其说一个人的"专业能力"，不如说"专业技能"更加贴切。

教师的专业技能在心理学来讲，属于一种教育思想活动，教师利用自己的专业知识进行教学，有目标、有目的的自觉性行动。同时教师利用自己的专业知识和教学经验，制定教学目标、促进学生学习而采取特定的教学行为。针对小学数学教师专业技能的构成问题，2012年，我国颁布了《中小学教师专业标准》，其中详细表明了数学教师专业技能的相关要素，具体如下：

1.数学技能。一般情况下，数学教材内容中都会包含公式、定理、法则、概念等基础知识，教师需要熟练掌握这些知识，才能将数学技能充分体现出来，根据自己对问题的理解更好地去解决问题，从客观角度来分析，这也是一种智慧技能。教师在理解、掌握数学知识的基础上开展教学活动，利用数学知识帮助学生解决疑难问题，表现出较高的数学技能。

2.教学设计。教师根据教学内容精心设计教学过程，并制定出科学、合理的教学目标，利用多媒体信息技术挖掘更多的教学资源，使教学效果得到显著提升。教学设计能够为教师教学活动的开展做好充足的准备工作，体现出数学教学的繁杂性和创新性，同时也将数学教学个性化的一面展现了出来。另外，教师是否具备较高的专业水平，也可以在教学设计中体现出来。

3.数学技巧。教学过程中很多方面都能体现出教师的教学技巧，例如教师注重课堂良好的学习氛围，在课堂教学中为学生营造适宜的学习情境，提高学生在课堂中的专注力，激发他们学习数学的兴趣①。在数学课堂中不断对学生进行引导，运用多种教学方式，让学生从被动转变为主动学习，顺利完成教学任务，教学效率得到明显提升。另外，教师根据小学生的心理特征、学习兴趣以及学习需求，合理运用教学方式，也是数学技巧的一种体现。

4.管理技巧。教师了解每一位学生对数学知识的掌握程度，耐心解答学生提出的疑惑问题，对于基础差的学生加以指导，并对其进行鼓励与认可，帮助学生树立更多的自信心，促进学生身心发展②。教师合理控制数学教学进度，促进学生对知识的消化与吸收，妥善解决教学中存在的问题。

5.评价技巧。教师在数学课堂教学中，不但掌握学生的学习情况，还要了解学生的学习方法，并对他们学习方法的对与错做出评价，从多方面进行考虑，采取多元化的评价方式。学生运用正确的学习方法，教师在评价时能够利用言语去激发学生，并让其成为班级学习榜样，促进其他学生学习的动

① 张梦雅.小学数学教学中渗透数学思想方法的策略［J］.现代农村科技，2023（01）：98.
② 张伟.小学数学教学中思想方法渗透的做法和体会［J］.现代农村科技，2023（01）：100.

力①。教师鼓励学生学会自我评价，在学习中学到如何提高自己的管理及自我评价能力。

6.沟通技巧。教师能抓住小学生心理特征，根据他们的学习兴趣和学习需求进行沟通与交流，让学生打开心灵的窗户。在数学活动中，教师组织学生进行小组合作学习，促进彼此之间的沟通，使他们认识到团结协作的重要性，产生强大的凝聚力，在提高学生语言表达和沟通能力的基础上，会加倍提升学生数学学习能力。

7.信息技能。信息技能首先要求教师会熟练使用现代信息技术，将信息技术融入数学课堂教学中，从根本上改变学生的学习方式以及教师的教学方式，有利于教师和学生之间的沟通与交流。高速发展的新时期，信息通信技术已经成为二十一世纪社会发展的主要动力，对世界经济的增长有较强的推动作用。从目前情况来看，国家教育部门越来越重视教师信息技能的发展，要求教师熟练掌握信息技能的使用方法，利用信息技能提升自身教学的专业性，不断挖掘更多的教学资源，实现网络化教学模式。

8.反思意识。所谓反思意识通常是指教师会发现自身存在的不足之处，还有哪些地方需要去改进、去补充，如何才能进一步提高教学效果和教学效率。从心理学来讲，这是教师的一种主动行为意识，主动进行反思并觉醒，重新构建知识结构，通过实践得到发展和改善，对教师进行有效的激励，从而提高教师的综合能力。

从某种意义上来诠释专业技能，可以认为它是专业知识纵向发展的产物，教师的专业知识也主要体现在专业技能上。所以，作为一名小学数学教师，具备一定的专业技能是教师职业最基本的要求，同时也是教师综合素质的外在体现。换一个角度进行分析，教师的专业知识和专业技能，是教师专业能力的主要组成部分。从这个意义上来说，数学知识只是教师开展教学活动的辅助工具，而数学技能才是作为教师必备的基本素养之一②。林崇德教授指出，我们所说的教学能力，从广义层面进行分析，思维是教学能力的主要核心。

① 王艳波.信息化2.0背景下小学数学教学创新研究［J］.中国新通信，2023，25（02）：206-208.
② 谷艳丽.小学数学教学中如何应用自制教具［J］.教育艺术，2023（01）：24.

因此，本文以新课标背景下小学数学为例，对小学数学课堂教学中如何培养并提高学生的数学思维能力进行了探讨。数学教师的专业能力主要体现在数学教师教学形式中，能够充分体现出数学教师教学思维。

6. 新课标背景下小学数学生活化教学策略

6.1 树立科学的生活化教学的观念

6.1.1 小学数学教师要转变和更新观念

（1）树立生活化的教育观

确立生活化教育观，即确立正确教育质量观，一直以来在应试教育思想影响下，教师、学校、教育部门以考试分数为主要目标，以考核方式为主要手段，盲目注重知识灌输，忽视能力培养，造成了学生的"高分低能"现象，不能很好地运用学过的知识去解决实际生活中遇到的各种问题。随着新课改的不断推进，传统的教学方式已不再适应新形势发展的需要。而将小学数学教学生活化，旨在促进学生数学思维的发展，小学数学教师应当把数学知识与生活实际紧密联系起来，在课堂教学中注重培养学生运用知识分析、解决问题的能力。素质教育要求小学教师所确立的教育价值观，要致力于小学生综合素质的提升，全面培养小学生个性特长等教育质量观。这就要求教师在课堂教学过程中要注重培养小学生自主学习意识和创新能力，引导学生主动参与到教学活动中来，让他们成为课堂的主人。教学素质作为教学个体综合素质的基础，所以，确立正确教育质量观等，是生活化教学有效实施的基本保障。

（2）树立生活化的教学观

树立生活化教学观，让生活化数学教学成为教师的教学观念。在整个小学教育中，数学虽然是一门基础学科，但它在培养小学生思维能力和逻辑思维能力过程中发挥着举足轻重的作用，所以，如何才能将小学数学知识与实际生活高效结合，是当前小学教师值得思考的问题。新课标为数学教师指明了正确的教学方向，教师深刻理解到新课标下教学理念的真正意义，逐渐从知识层面向学生的教学中进行过度。在新课程改革教育理念下，教师应以学生为出发点，根据小学生的性格特征、学习规律制定相对应的教学方法和策略，促进教学质量和教学效率的双向提升。小学数学教师要懂得自己肩上所承担的重大责任，在教育过程中充分发挥自身职能的引领作用，深刻认识到小学素质教育对学生发展的重要性，而不应将重点放在发展教学事业上。要想让学生在数学教学中接受良好的素质教育，教师为人师表，必须以身作则，培养并提升自身的综合素养，成为学生心中的表率人物，营造素质教育课堂，有效提高数学课堂教学效率。树立生活化的教学观，是对传统封闭、灌输、单调乏味的教学方式进行补充，构建开放性、具有趣味性的课堂教学。在教学过程中，教师应引导学生对实际生活、社会热点等多一些关注，让学生仔细观察身边事物的变化，注重教学与生活的相融合，使学生在体验生活的同时学习数学知识，让学生学到数学知识在生活中的运用技巧，推动数学教学的高效进行。教师根据学生的生活经验提出相应的问题，引导学生利用所学到的数学知识解决生活中的问题。另外，教师也要根据实际的教学情况作出总结，与学生不断进行交流和探讨，并从自身寻找问题，对学生多一些关注，不断改进教学方式，在教学中对学生进行有效指引，让他们从内心感受到数学的无穷魅力。

（3）树立生活化的角色观

树立生活化教学角色观，就是教师应该正确地看待教与学之间的关系，确立教师与学生都是主体。只有这样才能充分发挥师生之间的互动作用，提高教学质量，达到预期目标。就现状而言，多数教师也都明白，教学过程仅以教师或自身为主体，而且学生处于从属地位，这种看法明显是不正确，但是，在实际教学过程中，能否真正让教师与学生成为主体，能否让双方都有很好的能动性，许多教师在教学中遇到了相当大的难题。因为我们知道，只有当师生之间能够平等互动时才能充分发挥他们的主体性，才会达到理想的教学效果。许多教师都认为，一个教师在上课时，要面对几十名学生，如何将全体学生融于其中，成为教学主体会带来什么好的效果吗？或者能够把一小部分学生变成主体，那也是很好的。因此，许多教师往往会将注意力集中在如何提高教学质量上。具有这一思想的教师，一是由于对双主体角色观内涵理解不到位，生活化的教学观念强调教师带领学生进行知识探究，是母狮带着小狮子去捕食，这一过程是一个学习的过程，更是人生的过程，而不是老太太喂小鸡，老师向同学们撒播"知识"，能吃多少、消化多少，完全取决于学生个人的天赋，后者"喂鸡"般地从知识走向学生的方法，势必不能激发学生学习的热情，也不能把他们引向主体之一。教师更应该树立服务学生、尊重学生的思想，和学生进行平等的沟通，并且将此理念贯穿于其日常教学活动①。就数学课堂教学而言，教师应该尊重学生，和学生进行平等的沟通，注意自己的一言一行，维护他们的自尊与好奇，使学生爱学习，会学习，学好知识，它会给学生的学习带来深远影响。最后是要创造一个展示自己的机会，还课堂以舞台，让学生当主角，创设机会，使学生有展示的空间。教师应该让学生产生与他们不一样的观点，促使学生独立思考，提出各自不一样的解题方法，这对培养学生创新精神有很大帮助。

6.1.2 小学数学教师要提高自身素质

科学和人文，是人类生存与发展所必需的两种价值向度。科学讲求实用，人文重理想。虽然数学属于科学范畴的学科，但是数学教师也同样要具备相当高的人文素质，而我并没有觉得数学教师人文素质要低于语文教师的人文素质，反之亦然，在互补原则下，数学是一门比较抽象的学科，以期能够实现生活化教学倡导的素质教育目标，为的就是让学生更加轻松地融入课堂中

---

① 刘美娟.多元化评价在小学数学教学中的应用［J］.教育艺术，2023（01）：27.

去，去感知知识，在小学数学教学中，却需要教师具备人文素质。不言而喻，人文素质在一个人的人生成长和发展过程中起着同样重要的地位，小学生阶段又是一个人的人文素质得以形成和培养的关键时期，数学教师一定要具备相当高的人文素质，把数学知识纳入正确的价值观、世界观、道德观与社会观等方面，才能够真正实现以小学生成长为中心。数学教学不只关系到在课堂上学习数学知识，而是更加关系到学生数学在其人文社会环境下的应用，所以，提升教师的人文素质，这也正是生活化教学理念的需要。

从正确的角度进行分析，教师在教学过程中即使运用了正确的、多样化的教育方式，也不可能把所有学生都培养得出类拔萃。但是，教育的终极目标也并不意味着让所有学生都成为精英，但应努力挖掘学生潜力，通过我国教育，让学生在掌握知识的基础上，让他们各个方面都能得到一定程度的提升，成为一个优秀的人才①。同时它还需要教师自身有较高的综合素质，才能保证自己的教学工作不被外界环境干扰和影响，从而取得理想的教学效果②。教师在授课时，必然要受到种种非授课因素的干扰，许多青年教师自己也满怀激情和自信地投身于教育事业，但是经常会碰到一点外界因素干扰，便垂头丧气，失去了信心，丧失动力谈何探索教学之道。尽管外在原因客观存在，但是根本问题是由于修养或综合素质不到位，才能被外界因素干扰，不能形成乐观、积极、宽容的心态，更没有办法实现教育事业所具备的忍耐和奉献精神，其直接结果就是影响了学生的学习效率。这也正是许多教师对自己缺乏足够重视，对自己不了解的根本原因。所以现代社会更加需要教师能够沉下心来强化学习、修身养性，着力提升自身综合素质，为了消除自己所面对的种种纷扰，保持积极乐观、敬业博大的胸怀，遵循并顺应社会与学生成长变化的规律，合理、高效地利用各类资源，切实做到为人师表、教书育人。

① 王雨雪. 小学数学教学中培养学生的数据分析观念 [J]. 教育艺术，2023（01）：68.
② 陈建锋. 浅析如何在小学数学教学中运用多媒体技术——极简教育技术融入小学数学教育 [J]. 数理化解题研究，2023（02）：58-60.

6.1.3 小学数学教师要提高教学能力

（1）提高教学设计水平

所谓教学设计就是教师对教材整合、计划课程的过程。新课程改革背景下的小学语文教学活动开展得更加深入，其中也包括了对小学语文课堂进行有效教学设计的要求。通俗地说，教师备课是一项任务，但是，与单纯抄录教材为主要形式的传统备课比较，生活化教学在教学设计中，更加注重教师针对不同教学情况进行设计，精心再创造等环节。从实际应用角度出发，小学阶段的数学内容比较抽象且复杂，对于小学生来说有一定的难度，因此需要借助生活化教学模式来帮助学生更好地理解数学知识。教师要认真选择教材及有关的教学素材，融入生活化教学内容中，在运用恰当教学手段时，应采用灵活多样的教学方法，将课堂设计为生活化互动场景，充分地准备课堂教学实施。因此，如何进行小学数学的教学设计就显得尤为重要了①。教学设计最基本的目的是利于生活化教学得以有效开展，利于学生融入课堂，学数学、悟数学。所以说，教学设计对小学数学教师来说十分重要②。提升教学设计能力，教师除了从教学内容、教学手段、教学方法上下足功夫外，还要能够很好地构思，把这些教学元素良好地结合在一起，让它们在实践中形成多种不同的、有机的情景。如果没有这样一种情景的存在，再精彩的教学内容也会显得苍白无力，难以发挥其最大作用。小学数学教师作为一名优秀的教育者，不仅需要具有良好的专业素养和较强的专业知识技能，同时还要具备一定的综合素质，只有这样才能够更好地进行课堂教学活动，从而实现高效课堂教学。所以教师要加强自己的学习，并且积极参与校内外各项有意义交流和训练，有效提升自身硬素质等，还要更加重视对小学生心理活动、生活特点的观察与理解，了解他们对世界、对事物的态度，能够听他们说话，设计出有利于学生接受与融入的场景方案。

---

① 王双文.合理运用任务型模式，提升小学数学教学质量［J］.求知导刊，2023（02）：29-31.
② 苏晓东.引导式教学法在小学数学教学中的应用分析［J］.求知导刊，2023（02）：41-43.

（2）提高教学和教研能力

从广义层面来分析，教学能力有很多种，当然，还应包括前文提到的教学设计水平问题，但是，本文所讨论的教学能力，主要指课中教师组织和教学授课的本领，其中包括课前准备、课程创意和教学设计等。课前准备、课程创意和教学设计得再巧再好，也可能需要教师用自己的语言和肢体行动等来表现才会有效，这一过程对不同经历和能力的教师而言，其结果必然会有所不同。关于怎样提高教学能力的问题，前文一再强调过，多学习、多实践是一个不容置疑的必要过程，在此需重点说明，一是教师要有主动爱教爱子的态度，二是教师要真正理解小学生的所思所想，做到课中事实确切地依据学生的种种反馈，不断地引导他们融入课堂中去，最后教师也要格外注重总结，不断地扬长补短，从而稳步提高自己的教学水平。教研能力即教师的教育科研能力，任何学科或专业都要注重理论研究，才有可能获得高层次、实质性、突破性发展，许多教师不注重教研的原因是认为自己没有达到这样的水平。因此，教师要善于在教学中总结自己与别人得与失的经验，并不断地总结、完善，一份份细心的工作笔记是科研的点滴积累，只需细心，自然成了本职工作的行家，从这些经历中得出对于教育发展具有建设性的认识。

6.1.4 小学数学教师应致力于数学回归生活

实践是理解的目的与终点，学习知识的终极目标与最大价值在于应用于生活。正如教育家叶圣陶老师所说，我教任何一门课都是为了实现不用教的目标，也就是说，孩子们自己能学会、学会运用、能解决实际问题，光靠纸上谈兵是无济于事的。对于数学教育来说，其目的"是要让学生具备合格的数学技巧与技术，使其在生活和工作中遇到实际具体问题状况时能恰当而恰当地运用数学"，即把"数学向生活回归"。教师为了致力于数学向生活回归，必须深入把握"数学向生活回归"和学生数学素养、"数学向生活回归"和数学成绩的关系。从数学教育哲学的角度来看，决定公民数学素养高低的最主要标志就是看其对数学的看法、认识和是否会用数学思维方式进行观察、对日常生活中的现象进行分析，来解决在现实生活中所碰到的现实问题。而正确看待数学、深刻认识数学，其目的最终还在于形成数学思想，更好地应用数学来解决生活实际问题。

从目前小学数学教学现状来看，"唯分论"主义形式的延伸性及渗透力极强，无论是教师、家长还是学生都会受到很大程度的影响，教师开展教学活动的目的主要是提高学生的学习成绩，家长更将希望寄托在孩子的考试成绩上，对学生的学习造成了很大的负担。这种观念对提升学生解决问题的能力会带来一定的负面影响。我们现在需要正视这样一个问题，如果学生只具备书面解答能力，那么就意味着他只能通过数字运算去理解数学知识，他的思维和分析能力只停留在纸面上，当然也能取得优异的成绩，但运用数学知识解决实际问题的能力就会相对较差。从"数学回归生活"这一层面进行分析，将数学知识与实际生活相结合，利用数学知识去解决生活中的问题，做到数学知识和现实问题的自由转变，既能在运算层面去解决问题，有具备解决实际问题的能力。这样灵活的转变，有利于学生对书面试题变换形式的掌握，并在此过程中利用数学本质正确解答问题，考试成绩也会随之增高。所以，教师利用生活化的教学方式，让学生将自己学到的知识运用到生活中，让"数学回归生活"同样也可以提高学生数学考试成绩。

6.2 在小学数学课堂教学中开发与利用生活中的素材

阅读书籍、课本、导学案、练习册、教科书，以及课堂内外教师和学生使用的所有教学材料都统称为教材。教材是知识的主要组成框架，在教材的支持下促进教师教学活动的顺利开展。现阶段，小学教育机构严格履行新课程改革理念下的素质教育为教师和学生提供官方教材，同时教材内容正朝提高学生综合素养的方向发展，进一步实现生活化教学，在小学数学课堂教学中开发与利用生活中的素材，达到生活化教学目标要求。在此过程中，数学教师应结合学生学习情况、教学质量以及学校地理人文等多方面因素，搜集、归纳并整理显示生活素材，不断丰富数学教材，在数学教学内容中融入更多的生活元素。具体从以下几方面进行分析：

6.2.1 积极挖掘生活素材

教师开展教学活动，主要是为了学生的学习，从各个方面满足学生的学习需求，让学生掌握更多的数学知识。在数学教学活动中，教师应扩大学生的教育空间，注重课内外的相互结合，不断拓展教学资源，将教学素材延伸到教室、学校以外，搜集并整合与课程相关的生活素材。

（1）与学生相关性强的素材

教育界很多学者曾针对学生的生活素材进行了深入研究，并展开了多次工作实践，从研究和实践结果总结出，结合小学生的生活经验和生活背景，在数学教学内容中融入更多的生活元素，会从很大程度上提高学生对数学知识的理解能力，对知识的掌握度就会越高。所以，教师在开展数学教学活动时，根据学生年龄、生活经验的不同，科学、有效地挖掘贴近学生生活的素材，当然，这些生活素材要建立在学生感兴趣的基础上。大家都知道，兴趣是学生最好的学习动力。小学阶段的学生年龄较小，无论是自律性还是自我管理能力都相对较差，再加上小学生天真烂漫的性格，很容易被课堂之外的新鲜事物所吸引，在课堂中无法集中注意力。因此，教师应抓住学生这一特点，选择学生感兴趣的生活素材进行教学，提高学生学习的专注度。教师不仅要了解课堂中的学生，还要对学生在生活中的状态进行了解，例如学生对什么有兴趣？在生活中喜欢做什么？从学生的兴趣点出发，让他们从"要我学"变成"我要学"，让学生感受到学习数学的快乐。

小学生心智尚未发育成熟，不具备较高的认知力和辨别力，不同年段小学生的思维方式和认知水平也存在很大的差距，数学教师应对学生的生活方式和思维方式进行深入了解，掌握不同年段学生的认知水平，了解学生在生活中的状态，才能选择出与学生生活经验相吻合的素材，有利于学生的理解与接受。同时，教师在选择生活素材时，应考虑到学生的认知水平，不应以成人的生活经历代替学生的生活经历。

（2）利于学生身心发展的素材

人生的材料中蕴含着很多人文，道德等因素，有的材料肯定、积极，有些材料否定、消极。如果我们把这些素材用在教育教学之中，那么对促进孩子们身心健康成长无疑具有重要意义。小学生处于人格塑造之中，他们并不一定能完全分辨出是非曲直，他们关心的事，也不全是积极肯定的。如果将这些素材仅仅用文字表达出来，就会影响其思想道德品质的形成。所以，教师发掘的材料必须是表现生活中积极正面的材料，才更加利于学生身心发展。小学数学教师应该根据教材特点和学生实际情况选择适当的素材，引导学生学习数学知识，提高自己的道德修养。生活化数学教学，不仅要教授学生客观概念与逻辑，也要使其感到主观上有道德，有规范，使其学会学习，学会做人，传达理论知识的同时，更是传播了社会正能量。

6.2.2 合理整合生活化素材

小学数学教学生活化对培养学生数学素质的价值追求来自数学，来自生活之间的联系，要将数学和生活合理而有效地融合在一起，才能更好地服务于教学。合理的整合生活化素材是指教师将搜集到的生活素材经过科学地筛选与处理，重新组合本来的书面知识，整合成生活化知识，让学生更加容易接受和有利于掌握。在课堂教学中通过教师创设情境和引导学生动手实践活动等方式，把抽象的数学知识与现实生活结合起来，从而达到提高学习效率的目的。也就是说运用生活素材对书本知识进行"生活化"，形成生活化的教学素材，以达到预期的教学目标。

（1）合理筛选生活素材

教师对生活素材的筛选，首先要建立在了解、掌握教材的基础上，根据预期的教学目标明确教学内容，领悟到教材的使用价值，选择正确的生活素材，做到灵活运用生活素材，将生活素材的作用和优势充分发挥到数学课堂教学中。在此过程中，教师在实现教学目标的原则上，把生活中的教学资源和教材进行融合，达到较高的整合效果。

（2）对生活素材进行"数学化"加工

生活素材中包含的信息和元素极为丰富，但在小学数学教学中，生活素材中的数学元素，对于数学元素以外的东西不会被运用到数学教学中，也有可能会对数学教学带来负面影响。所以，对生活素材进行"数学化"加工，对数学教学能起到很关键的作用。其一，我们需要将干扰教学的非数学元素进行排除，不使用不利于小学生身心发展的元素。其二，有些生活素材中所包含的数学元素不是很明显，小学生很难去理解其中的数学知识，因此，教师在授课过程中，应以数学教材中的知识点为核心，对生活素材进行"数学化"加工，突出素材中的重点，简单明了，有利于学生去理解生活素材中包含的数学知识。

（3）科学重组教材

教材是教师在教学活动中有效的辅助工具，但不是唯一的教学资源。在教师的业务权力中，可以不断创新、重组以及改编教材，创建出生活素材的例题，同时也是学生所熟悉并感兴趣的，增加学生的体验和领悟，增强学生对生活素材知识的探究，并产生强烈的求知欲。教师在教学中应具备处理教材、调整教材的能力，科学重组教材，在数学课本中注入更多的生活色彩，让教学融于生活，生活融于教学，使教学内容越来越多样化，更能增加教学内容的趣味性，充分发挥生活化素材的应用价值，让学生在学习生活化素材知识的同时，促进其全面发展。教师秉持新课程改革理念，使数学教学顺应时代发展要求，能够领悟到教材编排的真正涵义，以学生的生活经验和学习需求为出发点，懂得如何正确使用教材，如何组织、处理教材，使教材既能与学生的实际生活相呼应，又能跟上时代发展节奏，同时很受学生欢迎，让学生将学到的数学知识运用到实际生活中，让学生认识到数学与生活之间存在的关系，提高学生学习数学的积极性。

6.3 创设多层次、高效的小学数学生活化的教学情境

教师利用生活素材对书本知识进行"生活化"处理，能够创设多层次、

高效的小学数学生活化的教学情境[①]。在此基础上还有注重采取后期工作的优化措施，主要是为了将书本上某个概念或知识点在生活化元素中体现出来。这个过程形成的生活化素材只是针对单个概念或一些零散知识，而且体现不出较强的联系性和发展性，也可以称之为生活化元素[②]。单个的生活化元素可以针对一些简单易学的知识点，如果知识点困难度较高，而且具有很强的动态性，那么需要集中这些单个、零散的元素，并将其进行紧密连接，构建成发展性较强的画面和影像，生活化教学情境的创设便由此而来，同时与《标准》提出的要求相吻合。掌握并了解学生的生活经验，避免教学活动和学生的生活背景产生偏差，充分利用生活化元素开阔学生视野，让学生在亲身实践中进一步理解数学知识，提高小学生观察、操作以及探索能力。另外，教师应认识到生活化的教学情境在数学教学中所发挥的重要作用，结合多样化的教学方式开展教学活动，包括利用多媒体、小组合作学习、游戏化教学等，同时与学生进行有效互动，采取交流、抽象、反思等教学方法，创设多层次、高效的小学数学生活化的教学情境。

6.3.1 确保情景服务教学的基本价值

有很多学者指出，学生不能将教师的教导和指导作为学习数学知识的唯一途径，数学知识的消化和吸收是经过深入思考和反复练习，在循序渐进中增加数学知识储备量。从本质上来讲，这也是学生必须经历的数学活动，利用之前学到的基础知识进一步去学习、去理解新的知识。数学教学课堂情景的创设，其目的主要是为了实现预期的教学目标做出更好的服务，这也是创设情景的最基本的价值。在创设情景过程中，加强学生对实际生活的体验，让他们在生活情境中学习、解决数学问题。另外，学生能够将数学知识和生活情景相融合，体现出生活化的数学知识。但在情景的创设过程中，还要注

① 孙丽平.在小学数学教学中培养学生的想象力［J］.求知导刊，2023（02）：59-61+91.
② 杨亚红.浅谈小学数学教学中学生问题意识的培养［J］.教育界，2023（02）：83-85.

意以下几个问题：

（1）与学生生活经验相关的情景

生活化教学情景的创设，要和学生的生活经验相吻合，符合学生的生活背景和生活体会。学习内容和学生熟悉的生活情境紧密相连，易于学生对知识的理解，与上文中提到的生活素材从本质上没有太大区别，生活素材与小学生的日常生活相关联，情景的创设同样也是围绕学生的日常生活为重点，根据他们的生活经验来进行，促进学生积极主动地参与到其中。生活素材和情景还存在一些不同之处，生活素材主要针对数学课本中静态、简单的元素性概念，其重点在于讲解和理解。而情景在生活元素的基础上，更具备一定的动态特征，参与和思考是情景所要表达的重点。另外，情景的创设除了要和学生的生活相关联，同时要和学生的认识结构相结合，增强学生对情景的认知和理解，如果学生对情景的认知度不够高，会在很被动的状态下去学习数学知识，在他的思想意识中，数学教学就是进行做题、解题的一种机械的训练，使学生只能从表面如认识数学教学，却了解不到数学的真正涵义。

（2）促进学生思考探索的情景

在数学教学中融入更多的生活元素，逐步实现生活化教学，但在此过程中，教师应注重培养学生的学习兴趣，让他们对生活化数学教学产生迫切心理，急于求解问题的正确答案，这对学生创新思维发展有很好的促进作用。所以，教师在开展数学教学活动时，不仅要将数学基础知识教授于学生，同时要充分发挥自身的指引作用，活跃学生思维，引导学生积极主动地进行思考，加强学生创新和探索能力。由于数学的解题方式并不是单一固定的，它具有很强的灵活性，因此，在教学过程中，教师要求学生换位思考，尝试用多种不同的方法去解决问题，使学生具备较强的创新意识，如此一来，让学生体验到数学知识并不是枯燥乏味的，感受到学习数学的乐趣，逐渐从被动转变为主动学习，增强他们对数学知识的求知欲。

情景服务教学旨在促进学生善于思考，产生对问题的探索欲望，教师在创设情景过程中，首先要明确问题的设计方向，同时在学生所能接受的范围内设计问题，避免学生在回答问题时迷失方向，让学生在掌握问题的基础上根据自己的实际生活对问题进行思考、讨论、探索，从而达到提高教学效果的目的。另外，应减少设置环节的烦琐性，设计程序尽量简单明了，确保物品的真实性，让学生将注意力集中在某个重要的环节，避免物品道具种类繁多而分散学生的专注力，只有这样，才有利于教师去引导学生去思考和探索情景中的数学问题，同时节约了很多教育和生活资源。

（3）数学化的情景

教师在开展数学教学活动时，应注重采取生活化教育手段，将数学知识在生活中体现出来，让学生更好地学习和掌握数学知识，这也属于数学教学生活化的基本特征。但在创设情境过程中，不应将重点只放在生活化特征上，同时还要注重情景的数学化本质，避免出现本末倒置的现象，体现不出数学教学生活化教学的真正价值。如果与上述原则背道而驰，会让学生对数学的认识产生偏差和误解，明显降低他们学习数学的效率。教师在进行情景创设时，虽然从一定程度上增加了数学课堂的趣味性，但数学课应有的本质依然存在，它是突出数学化情景的主要核心。另外，由于小学生年龄尚小，他们的注意力和认知水平相对较差，在数学教学课堂中，教师应对学生进行有效引导，避免他们受到情景中非数学因素的干扰，将专注力放在探索和思考中。

6.3.2　综合运用教学形式

小学数学教学形式具有一定的综合性，涉及很多方面，其中包括语言、文字、活动、游戏、多媒体等，另外还包括教师在教学中传递信息的技术手段和行动策略，从整体上构成生活化情景，教师采取多样化的教学形式来表达所创设的情景[①]。随着新课改革的不断推行和信息技术的不断提升，现代教学形式越来越多样化，教师应根据教学形式的不同特点开展教学活动，注重教学形式的灵活、综合使用。但在此过程中，我们也不能完全摒弃传统的教学形式，同时要和现代教学形式相结合，根据实际教学情况合理运用现代多媒体技术，做到综合运用教学形式，将不同教学形式的优点充分发挥出来，

---

① 冯乐天.善用数形结合，优化小学数学教学［J］.教育界，2023（02）：41-43.

相互促进，进而达到预期的教学目标。

（1）把握各种教学形式的特点

社会和科技的发展对教学形式的改变发挥了关键性的作用，无论从技术手段还是行动策略上都得到了很大程度上的改善。首先从技术手段方面进行分析，教学形式经历了文字、书籍、语言表达、印刷材料、信息设备、多媒体网络技术五个使用阶段。从行动策略方面进行分析，包括讲解、活动、游戏等方式。传统的教学形式教师作为课堂的主导者，向学生讲解数学知识，主要体现在语言表达上，但这种教学形式使用简便，具有一定的灵活性，教师能根据学生实际学习情况对他们进行指导，不用做很多前期准备工作，同时会节省大量的时间和物资资源[1]。现代多媒体、游戏化等教学形式虽然能提高学生在课堂中的注意力，但需要消耗大量的时间，同时也会增加对物质资源的需求。每一种教学形式都是优缺点并存，所以，教师应根据教学形式的不同特点，将正确的教学形式运用到实际场地以及情景内容中[2]。将传统的教学形式与现代教学形式相结合，灵活运用，相互促进，在同一个情景中运用不同的形式，发挥优点，补充缺点，有效提高数学教学效率。

（2）把握教学形式运用的着眼点

教师在教学过程中所运用的教学形式，都是建立在生活化情景的基础上，通过声音、文字、图形、影像、动画等将数学知识输送到学生的脑海中，有效刺激学生的感官，让学生学会观察、思考与计算，激发学生学习数学的兴趣，开发他们的创造性思维，同时优化课堂结构，提高教学效率。在具体运用中，为实现预期的教学目标，我们应着眼于以下几方面：

第一，着眼于减缓思维坡度。降低数学知识的抽象性与客观性，使数学知识更加具体、直观，易于学生对问题的理解，从而减缓思维坡度，加倍提升教学效果。第二，着眼于突破思维障碍。以具体的感染性材料为起点，与实际生活相结合，通过实物、模型或图表建立牢固的"表象"，促进学生从形

① 蒋燕.数形结合思想在小学数学教学中的应用研究［J］.数学之友，2023，37（02）：55-56.
② 张亮亮.探析导学式教学法在小学数学教学中的有效应用［J］.数学之友，2023，37（02）：30-31.

象思维逐步向抽象思维发展。第三，着眼于加速思维成功。在这个过程中，增强学生的视觉感官，为学生提供生动、具体的视觉形象，教学情境由静态转变为动态，将事物的发展与变化过程完整地呈现出来，扩大学生的思维空间，加速解决问题的思维成功。第四，着眼于诱发思维创新。最大限度地增加学生思维活动伸展空间，注重空间的开放性，让学生在广阔的环境中自由选择，主动探索，对学生的自主创新和个性发展发挥积极作用。

6.3.3 合理实施教学方法

（1）教学阶段的发展

数学生活化教学所提倡的教学模式包含四个阶段：问题情景——建立模型——解释——应用与拓展。

所谓"问题情景"环节，就是教师设置恰当情境，并且通过多种教学方式，把学生带入情境中，以及尝试性地提出或指导学生在情境中发现派生出来的数学问题。在这个过程中，教师要注意让学生参与到情境之中，从而更好地理解和掌握数学知识，提升自己的思维能力。这也是《标准》强调的："从学生已有的生活经验出发"。"解决问题"阶段即在前一阶段基础上进一步探究、思考和解决实际问题。所谓"建立模型"环节，用特定的数学模型代表前一阶段提出的数学问题，提出的数学模型去除了场景中不涉及数学的内容，而仅含有其数学元素。这个过程是在情境基础上的再创造过程，即把情境作为一种学习素材、一个探究工具，运用数学知识解决相应的数学问题。尤其应该注意到，这个过程应是教师互动交流，引导启发，要使学生在情境中学会提炼数学元素，把实际问题变为数学问题。"建模思想"阶段则是指当解决一个新的现实情境时，教师需要对这些现实情境加以描述、分析和归纳，从而发现其中蕴涵的数学知识及规律。与《标准》强调相对应："将实际问题抽象成数学模型"。这就要求教师能够根据教学内容设计相应的情境、设置适当的步骤等，帮助学生构建起自己熟悉的生活背景下的相关数学模型。教师借助数学模型，分析各个数学元素所包含的联系，揭示它所蕴涵的数学本质和普遍性，以及数学范畴的符号运算等。"解释"旨在使学生获得模型所包含的数学知识，抓住其普遍性数学本质，由此学习求解含有同一数学本质。"应用与拓展"则主要针对具体情境中出现的相关数学思想、数学方法或技能展开讨论分析，以帮助学生形成完整而系统的知识结构。因此，"建模教学"就是以具体实例为基础，借助直观图形、符号语言等对概念内涵与外延做出说明或推理证明的活动过程，这也是一个互动交流，引导启发的过程。从这个意义上讲，"阶段"也可以称为"转化"，与《标准》中强调的："进行理解"相对应。

（2）思维模式的转换提升

在数学生活化的教学过程中，学生思维模式有三类，也就是直觉思维，表象思维和逻辑思维。其中，"直觉思维—表象思维—逻辑思维"是最基本的一种。在"问题情景"中学生以直觉思维为主，"建立模型"时，同学们以表象思维为主，在"解释"和"运用与拓展"中，那么就需要同学们用逻辑思维。因此，数学课堂教学过程实质上就是一个由不同思维方式组成的动态结构体系。随着教学的不断推进，在数学教学中，学生最重要的思维模式，也要按直觉思维——表象思维——逻辑思维的次序逐步转换和提升。

直觉思维也可以说是一种经验思维，逻辑思维也可以叫做数学思维，生活化教学是指指导学生完成由经验思维向数学思维升级的教学，并以表象思维为过渡。数学教学与实际生活有着千丝万缕的联系，数学来源于现实生活，并应用于实践当中，因此，我们需要将数学知识运用于实际生活之中。就现实问题而言，人们常常根据自己的生活经验来思考问题，也就是经验思维是可以肯定的，对很多简单问题来说，经验思维就够了，但问题大多比较繁杂，若要想科学，高效地解决这一问题，经验思维常常力不从心，而数学教学就是教人学会基于经验思维，站在数学角度更深层的思考就是数学思维。因此，在日常数学教育活动中要重视学生思维能力的培养，特别是逻辑思维能力的提高，以促进其综合素质的全面发展。经验思维为数学提供了必要的依据，数学思维作为一种经验思维，其发展不可避免，在落实数学教学生活化过程中，无论是经验思维，还是逻辑思维，都非常关键，进行生活化教学的原因，强调生活化是为了让学生能够更加轻松快捷地进行经验思维、更加高效地向逻辑思维提升转变。

否则，依然采取传统灌输式教育方式，会增加小学生经验思维发展到逻辑思维的困难度。教师不仅要注重生活化的教学方式，同时要减少过多的依赖性，不可过于重视学生的经验思维，应将重点放在引导学生向逻辑思维上升的过渡环节中，全面打开学生的逻辑思维，才能真正领悟到数学知识所蕴藏的内涵，才能将数学运用到生活中，巧妙解决生活中的各种问题。

6.4　探索小学数学生活化教学的有效方法

6.4.1　培养对数学兴趣

《标准》中对学生应具备的第一方面的能力提出这样的要求："体会数学与社会、生活以及自然之间的关系，了解数学真正的涵义，加深对数学知识的理解，灵活运用数学知识"，我们可以将这句话概括为培养对数学的兴趣。众所周知，兴趣是学生最好的老师，只有产生了兴趣才会有学习的动力。从科学角度进行分析，兴趣可能是一个人天生具备的，但从实际上来看，兴趣是在后期成长中有意识和无意识的培养而形成的。换一个角度来说，兴趣也属于一种能力，基于兴趣的基础上，完成某一领域的突破。对于小学数学生活化教学来讲，要将培养小学生对数学的兴趣作为首要教学目标，让学生了解数学的价值，更深一步地去理解数学知识，增进应用数学的信心。

（1）了解数学的价值

通过生活化的教学，使学生体会数学与社会、生活以及自然之间的关系，认识到数学学科存在的价值和意义，让学生真实地感受到数学与生活是息息相关的，懂得如何利用数学知识去解决生活中的问题。

（2）加强运用数学的信心

教师通过生活化教学，与学生的日常生活紧密相连，营造课堂氛围，激发学生学习兴趣，促进他们探索知识的积极性与主动性，加强运用数学的信心，面对疑难问题时积极发言，将自己的想法说出来，增加学生的主观意识，对提高他们学习数学和运用数学的能力有很好的促进作用，教师的教学效率也会得到显著提升，使学生感受到学习数学的乐趣，焕发自己的思维能力，让学生学有所成，学有所获。

6.4.2 获得基础数学知识

（1）获得基本的数学思想

在人们的意识中，将现实世界中的空间形式与数量关系进行结合，在产生一系列思维活动后取得的成果，即为数学思想。数学知识的精髓就在于数学思想，它为数学知识体系搭建了有益桥梁[1]。从另一个层面进行分析，将数学知识和理论进行归纳后所形成的一种实质性的理解，也被称之为数学思想。在数学思想的基础上，利用数学知识去解决各种问题，充分体现出事物之间存在的密切关系。

数学思想方法就是数学思想具体化的一种表现形式，其实，二者在性质上是一致的，区别仅在于从不同角度来看[2]。小学阶段学生正处于学习数学知识的初始阶段，教师可以利用这一特点来进行数学思想方法教学。在小学数学教育中，经常涉及的基本数学思想方法主要有观察与比较、分类、抽象与概括、数形结合、化归与类比、归纳与猜想、数学模型等。这些数学思想方法不仅有利于学生更好地理解数学知识，还能让他们更有效地去解决实际生活中遇到的一些简单的数学难题[3]。通过培养小学生的数学思想，数学能力才能得到很大提高。

（2）获得基本数学事实

在小学数学教育过程中，重要的数学事实是由基础数学知识与基本数学活动经验共同构成。其中，最基本的数学活动经验就是动手操作，它不仅能

---

① 王会兵.结构化思维在小学数学教学中的运用及培养策略［J］.吉林教育，2023（03）：67–69.
② 高超.利用生活情境教学法开展小学数学教学的实施策略［J］.吉林教育，2023（03）：80–82.
③ 郭庆松.推动小学数学教学高质量发展的实践探索［J］.教育理论与实践，2023，43（02）：58–61.

促进学生对知识的理解、巩固和应用，而且能够帮助他们掌握科学探究方法，提高学习能力和创新能力。这里着重介绍基本的数学活动经验，基本数学活动经验，是指个体从事特定数学活动后所遗留下来的经验、个体特色内容，既能实时感知，也可通过反省总结后所产生的体会。通过教师的引导和组织，让小学生在实际生活情境中感受、理解并掌握这些知识和技能，这就是"数学基本活动体验"。例如，在讲授"地点和方向"四方位、八方位中，教师可把学生带离课堂，去户外亲自练习。这种实践不仅能使学生体会到周围世界处处都有数学，而且还培养了他们运用知识解决实际问题的能力。"数学的基本活动经验"是作为教育目标中的"四基"而提出来的，就是建立在"能动的数学观"之上，将数学视为人的一种富有感情、充满思考的经历体验，并进行探究等活动。它不是一个抽象概念，而是由一系列具体事物所构成的现实世界的反映，是以人的认知发展水平为基础而建立起来的数学知识体系。生活化的教学目标绝不是简单地反映在小学生所认同的数学事实上，而要经过小学生在数学活动中积累经验，由此更多地获得数学思想方法方面的感受，将"经验材料组织化"，将"数学材料逻辑化"。因此，"数学知识源于生活又用于生活"这一理念成了小学数学教师所追求的目标之一①，它符合数学生活化的基本理念。因此，"小学数学生活情境化教学策略研究"就是为了使学生在熟悉的生活环境中主动地进行数学知识建构。"获得数学活动的基本经验"是数学生活化的教学目标，更是对小学生重要的能力要求。那么什么是"数学知识"呢？它们隶属于小学生，具有个体性和实践性、具有多样性、发展性等特征的"主观性知识"。其中最主要的就是学生在学习过程中形成了一些对数学知识有独特理解和认识的东西。这些"主观性知识"在提高个体素养时发挥着关键性的作用。

---

① 王培培.信息技术在小学数学教学中的有效运用途径［C］//广东省教师继续教育学会.广东省教师继续教育学会第六届教学研讨会论文集（一）.广东省教师继续教育学会第六届教学研讨会论文集（一），2023：1404-1406.

（3）获得基本数学应用技能

小学生基本数学应用技能有三个要素，一是要体验把某些实际问题抽象化成数与代数问题，掌握数与代数基本知识与技能，并且可以解决一些简单问题。在此基础上发展逻辑思维能力、抽象思维能力、运算能力和解决问题的策略及方法。二是体验探索物体和图形的外形、尺寸、位置关系及变换过程等，获得空间与图形基本知识与技能，并且可以解决一些简单问题。三是经历探索事物间相互联系、发展思维等认识能力，了解数学知识形成和发展的规律，体会数学思想方法对提高分析问题和解决问题的指导作用。带着疑问的体验、数据的采集与处理、进行决策与预测等环节，掌握统计与概率基本知识与技能，并且可以解决一些简单问题。下面结合实例来说明这些知识的教学及培养学生运用数学知识分析解决问题的能力。四是学习利用数学知识解决问题的能力。这些真实的生活数学问题，同学们要通过假设的分析来分辨，然后用数学方法，寻找适当数量关系，进行了一些分析和解释。因此，教师在教学中要重视培养学生解决实际问题的能力。对某些较高等数学问题而言，还要同学们搜集整理、对数据与信息进行分析与处理，甚至需要用计算机来计算，检查。这样，他们不仅能够学会如何解决问题，而且能在学习数学知识与方法时培养出良好的思维品质。

6.4.3　强化数学思维和实践能力

学生对于日常生活中的问题都会进行观察与思考，并运用数学思维去分析问题，解决日常生活中以及其他学科学习中的问题，在此过程中能体现出学生在日常生活中看待问题的态度以及解决问题的能力。这部分内容可以视为学生的强化思维和实践能力，具体从以下进行分析：

（1）强化数学思维

数学思维，主要是以数学观点、用数学观点去观察事物、解释现象、分析问题所具有的素质与能力。那么，如何在小学低年级培养学生良好的数学思维能力呢？通俗地讲，就是要指导学生以数学的眼光看问题。在小学低年级教学中注重培养小学生的数学思维能力是十分必要的。强化数学思维可以从以下几方面考虑：首先，初步学会用数学观点提问、认识问题，并且能够综合应用已学知识与技能去解决问题，培养应用意识；其次，形成了解决问题的几种基本策略，体会问题解决策略多样性，培养实践能力和创新精神等；学会和别人一起工作，并且能够与人沟通思维过程及成果；最后，在解决实际问题时能够灵活运用数学知识去分析、思考、判断，从而提高发现、探索、研究、解决问题的能力，增强学习信心，对评价和反思有了初步认识。例如，在生活中利用三角形稳定性制作单车支架、房屋梁柱等能引导学生以数学的眼光去观察问题。

（2）强化实践能力

对培养小学生数学实践能力具有重要意义，"以生活化为宗旨"前一节已对此作了详细说明，以小学数学教育生活化为中心宗旨，是致力于数学向生活的回归，是增强学生数学实践能力的需要。那么如何才能有效地培养小学生的数学实践能力呢？笔者认为以学生树立良好数学思维为前提，其数学实践能力具体表现为如下五个方面：一种是能够用数学符号，图形来刻画现实世界，并从中初步建立数感与符号感，培养抽象思维；第二，丰富现实空间和图形理解，初步树立空间观念，培养形象思维；第三，能够用数据来描述信息，进行推埋，以及从中培养统计观念；第四，能用观察、实验、猜想、证明和其他数学活动来解决实际问题，并从中培养合情推理能力，初步形成演绎推理能力；第五，能够条理清楚、明确阐述自己的见解。

比如，教师在执教《邮票中的数学问题》时，让同学们了解分段计费方式之后，介绍了在生活中涉及分段计费的一些现实问题，重视对学生知识的运用训练、解决实际问题。

（3）拓展与延伸

这种延伸活动，尽管它的数学思想和数学方法不同于"邮票上的一些数学问题"，但其把握计费方式和信函分段计费相同点为出发点，举个生活的例子，使同学们能真正运用新学习到的"信函分段计费"，如解决类似于这个知识点的"出租车定价，阶梯式水量和电量"这些生活中的现实问题，及时开展策略优化思想和实践能力训练。

6.4.4 养成探索和创新精神

一般情况下，我们对生活的需求通常都会使用到数学理论知识，利用数学理论知识去解决生活中的问题，同时我们会发现，问题都是在生活中形成的，学习与生活是息息相关的，在学习中了解生活，在生活中加深对知识的理解，二者之间相辅相成。大部分学生在学习中都会有一种思维定式，他会想到我要认真听讲，认真思考问题。如果数学课堂中没有融入生活化情景，学生就不会具备这种意识。由此看出，生活才能为学生创造积极向上的学习环境。学生在学校学习的时间是有限的，教师只能通过课堂时间去教导学生。引导学生如何在实际生活中去发现数学问题，是每一位小学数学教师值得思考的问题。我们完成某件事情的过程，就是生活的一种体现，所以我们应认真去观察生活环境的变化，坚持不懈地去学习，善于发现、分析问题，进一步提高自身解决问题的能力。

学生在日常生活中都会遇到各种不同的问题，这种现象是普遍存在的，数学教师应和学生一起去思考问题的根源，找到解决问题的正确方式。在此过程中教师还要不断对学生进行引导，让学生对生活中出现的问题产生怀疑并作出提问："为什么会出现这样的现象"？"它是怎么形成的"？从最初的观察到发现问题，进而对问题进行思考，学生会运用各种方法找到问题的形成原因，并探索出正确答案。即使学生没有找到正确答案，也参与了积极探索的过程，在不经意中成为探求者中的一员，产生自主学习意识。

7. 新课标背景下小学数学家庭作业生活化设计

7.1 设计原则

7.1.1 贴近生活原则

贴近生活，符合小学生的心理认知。小学数学家庭作业的设计，首先要结合小学生的心理认知，与学生的实际生活贴合。小学生的心理认知与学生的年龄特点有着密切的关联，也与小学生所学习的知识相契合。也就是说，要想提升小学生的心理认知能力，就需要多方面获取知识，以此使其发展更进一步。同时，小学生认知水平的提升又有利于知识的掌握。因而两者之间是互相依存的关系。综上所述，在小学数学家庭作业设计中，注重结合小学生的实际生活与其心理认知相符，是非常有必要性的。反之，与小学生心理认知相悖的数学家庭作业设计，会导致学生从心理上不愿接受数学家庭作业，使其学习的兴趣被抑制。新课程标准中提到，基于小学生的心理特点，需要所学的数学学习内容要结合现实生活，并且具有重要的生活意义与挑战性，以便于学生在学习过程中能够主动参与到观察、实践、猜测、验证与推理等数学活动中。贴近生活原则的数学家庭作业设计，能够在贴合学生生活的同时，利用丰富的生活气息，调动学生学习数学的主动性。新课标着重强调，小学生的知识学习要与实际生活相关联，着重课堂教学与实际生活的沟通，让学生所学习的知识能实际应用于生活中，并在生活中汲取相应的知识来拓展自己的学习面。

小学生对知识的认知是不断进步的过程，一开始只能对简单的知识进行学习与认知，以直观的思维进行学习，在不断学习与年龄增长的过程中，逐步对比较复杂的知识进行掌握，并结合知识使其思维得到拓展。这也就表明，小学生的数学认知主要是从直观思维向逻辑思维转化，其中由于低年级小学生虽然对很多事物充满了好奇心与想象力，但由于思维比较直观，因此所关注的重点往往是从事物的表面出发，也就说明这一时期学生的形象思维占据着整个思维的主体。随着学生阶段性的进步，到中年级段，学生思维有了极大的提升，开始从形象思维向抽象思维转化，这一时期的小学生在关注事物表面特征的同时，开始对事物的本身进行了深化的了解。到高年级段，小学生思维就有了明显的提升，经过低、中年级段所学知识的积累，小学生已经形成了独到的逻辑思维能力，因而这一时期头脑中会对数学的概念、定理、规律进行深入地分析，也就表明这一阶段小学生的想象能力已经发展到一定的阶段，能够真实地就事物的客观形象进行深层次地剖析，也就表明这一阶段的学生能够将所学知识与现实生活结合在一起，使知识的现实性得到提升。基于以上分析，小学数学家庭作业就需要结合阶段性小学生思维的特点，与实际生活相挂钩，进行生活化设计，以便于使小学生能够感受到数学作业所体会到的生活气息，并愿意去感受与探究作业中所蕴含的数学知识。因而也就表明，加强小学数学家庭作业生活化设计，以贴近生活的原则，让学生感受实践生活所能表现出来的知识本质，从而加强数学知识本身的实践功能。

7.1.2 时间自主原则

弹性时间，满足小学生的自主安排。《标准》的提出，预示着我国教育的进步，使课堂教学得到了全面的完善。作业设计作为教学中的主要实施步骤之一，是提升学生全面素质，促进教育改革的重要载体。因而，需要在小学数学作业设计中，以学生的认知能力、情感进步为基础，进行合理时间的设计。在这一设计过程中，不但要体现出数学教学活动的有效性，还需要结合学生的个体需求以及主观能动性进行时间的考量，从而实现小学生的个性化发展。

传统的小学数学作业设计，教师评定的标准一个是学生作业完成的对与错，一个是是否按时完成。这种作业设计方式很难与新课程标准相契合，因而就需要结合当前教育改革的进步，以数学知识类型为基础，实现作业完成的弹性时间。也就是指，小学数学家庭作业不仅仅局限于时间的限制，而是结合数学所学知识的需求，进行不同类型、不同时间段的作业设计。在设计时，作业既可以安排在学习新知识之前，作为新知识的引导与预习，也可以设计在知识学习之后，作为知识的巩固与总结。在作业完成时间段，学生可以按照自己的需求进行自主安排作业完成时间，也就需要教师在设计作业时要留给学生足够的空间。这种具有灵活性的弹性时间作业设计，能够调动学生学习的积极性，使学生愿意主动参与到学习中来。

7.1.3 潜移默化原则

潜移默化，培养小学生的良好数感。所谓数感就是指学生能在思考过程中应用到数学的知识，也就是指数学思考的相关问题。这也就表明，小学生在这一阶段不但能表现自己所学的数学知识，还能通过答疑解难体现出自己的利用数学知识进行思考，具备从数学知识的角度来解决实际生活中存在的问题的能力，从而使学生形成良好的数学气质。数学学科的学习在小学生成长阶段是具有必要性的，要想培养学生的数感，不但需要教师注重在课堂上的引导，还需要与实践生活中的数学元素相关联，从而体现出数学学科知识在生活中的体现与应用。对学生数感的培养是一个长期而持续的过程，需要在学习也生活中，以所学数学知识作为基础，不断体会、沉淀与积累。因而，在日常数学教学中，教师要着重强调学生对数学知识感知、认可、运用能力，以此使学生形成良好的数学感觉。

《标准》明确指出，以学习到的学科知识为基础，积极引导学生通过观察周围的有趣事物，参与到实践活动中来，体验学科知识带来的感受。也就表明，通过实践生活在感受数学知识的同时，让学生通过交流、表达来建立良好的数学感知。小学数学家庭作业的设计更需要结合生活化设计，突出培养学生数学感知的优势，让学生将数学课堂中所学知识应用于广阔的生活空间中，通过动手操作、亲身体验、自主感受来解决生活中存在的数学难题，从而提高小学数学的整体效率。

7.1.4　寓教于乐原则

寓教于乐，激发小学生的学习兴趣。新课标背景下，不但要强调数学学习的有效性，还需要通过寓教于乐激发学生学习数学的兴趣，从而增强学生自信心，实现教育改革的推进。基于此，就需要结合这一理念，使数学作业成为一种快乐的活动，通过增强小学数学家庭作业生活化设计的快乐元素，使学生对学习数学产生兴趣，从而激发学生的主观能动性，使其愿意自主去研究、认识、拓展数学知识，从而开拓其学习的眼界，丰富学习知识内容，提升个性化发展的可能性。

小学数学家庭作业的生活化设计，运用体验交流、游戏活动、合作探索、阅读欣赏、旅游见闻、资料检索等方式，寓教于乐，遵循教育规律，瞄准学生的心理特点，运用学生喜闻乐见的生活场景、生动形象的语言表达唤醒学生数学作业的兴趣，激发学生数学学习的主体意识，用多种既有趣又有效的教学方法唤醒学生主体意识，把握学生的心理流向，发挥学生的主体作用。

7.1.5　难度适宜原则

难度适宜，增强小学生的学习信心。自信心是学习学科知识的源泉，因此只有树立小学生的学习自信心，才能学好数学知识。所谓自信心，是指人们确信自己所追求的目标是正确的，并能通过自己的努力得到实现。在数学学习中，小学生树立学习自信心，指的是通过教师的有效指导与自己的积极努力，能够对数学知识进行全面掌握，并在数学成绩和数学活动中体现出知识所掌握的情况。但在实际学习中，很多学生认为数学知识抽象、复杂，因此缺乏数学学习的自信心，也就导致整体小学数学学习状况不佳。造成这一问题的主要原因是，数学教学开展与家庭作业设计脱离了学生的生活实际，所设计的作业没有结合学生的认知水平，出现难度过大的问题。因而导致学生在完成数学作业过程中，存在严重的挫败感，认为自己在学习中出现问题，从而对学习缺乏自信心。长此以往，学生在面对数学学习时会出现怯懦感。

基于以上分析，就需要在小学数学家庭作业设计时，结合小学生的个体发展状况进行生活化设计，将作业与生活实践相结合，以小学生现阶段的认知水平与个性化发展状况为基础，进行难度适中的分层次作业设计，使学生能够结合自己的心理承受能力选取适合的作业，体验到成功带来的喜悦，从而克服自身的自卑感，使学习信心被树立，并肯定自己在数学学习中付出的努力是有效的，从而对数学学习产生兴趣，激发小学生获取新知识，拓展自身知识面的自主学习心理。

7.1.6 情境创设原则

创设情境，丰富小学生的情感体验。为了在学习中给学生带来丰富的情感体验，就需要教师结合新课标的提出，进行教学活动与作业设计的情景创设。有效的情景创设，能够使小学生在学习过程中学习自主性被激发，并愿意以自主的形式参与到学习中来，同时在学习中获取快乐、满足与成功的情绪，从而使小学生的身心成长更加健康，更符合新时代教育进步的理念。

因而也就需要在小学数学家庭作业设计时，融入大量的生活情景，使数学学习氛围得以优化，确保学生在学习数学的过程中获取更多的知识能量，并对数学学习产生兴趣，从而提升其成就感，使学生从内心深处接受自己能学好数学的意念。

7.2 设计类型

7.2.1 体验交流类

《标准》明确提出，我国传统教育过度重视理论知识的传授，导致学生的学习态度出现问题，迫切需要进行教育改革，改变固有的教育模式，利用有效的教学手段激发学生主动学习的兴趣，从而使其正确价值观得以树立。在此期间，就需要利用体验交流式学习，激发学生探索知识奥妙的兴趣，这与我国新教育改革理念是契合的。在体验交流式学习中，学生能够得到自我认知、自我提升，并在教师的积极引导下，以交流互助的学习方式，在和谐稳定的学习环境中得到全面素质的提升。也就表明，在小学数学家庭作业生活化设计中，需要介入体验交流类作业，从而提高小学数学家庭作业在教育改革中的作用。

【例1】

1. 教学内容：青岛版小学数学一年级（下册）《厘米、米的认识》，信息窗1。

2. 教学目标：①通过小学数学家庭作业生活化设计，实现对长度单位厘米、米等的初步认识，并根据实际活动能够确定1厘米与1米之间的差距，同时理解性了解1米等于100厘米。②通过测量笔盒、黑板、课桌以及身高等活动，正确理解厘米与米之间的关系，并能够了解统一长度单位的必要性。③结合实践教学活动，让学生感知厘米与米在生活中的应用以及体现，从而激发学生的学习兴趣，使其愿意将数学与生活关联在一起，从而提升数学教学的效率。

3. 生活化作业设计：

题目1：量一量教室的黑板是我们小手的几个长度。

题目2：为了保持课桌的整洁，要为我们的课桌做一个布料的桌套，在这一过程中我们要注重哪些问题？并需要进行哪些长度的收集？长度数据的收集是用米还是厘米？需要借助什么工具和帮助？请你写出自己认为正确的调查报告与实施步骤。

【题目1分析】由于小学生手与手之间存在着长度的差异，因此选取几个学生进行黑板的测量，可以发现黑板在20只手的长度与30只手的长度之间，也就表明由于每个学生手的长短不一，丈量出来的数量也就不一样，通过以上活动，主要是为了让学生体会到在生活中进行简单测量的方法，同时掌握要想使测量更加标准，就需要进行长度单位或单位丈量工具的统一。

【题目2分析】学生们总结出这样三个问题：由于课桌是长方形的，因此桌套要想覆盖整个桌面就需要进行长方形的设计；要想使桌套符合桌面的整体形状，需要知道桌面的长与宽，通过选择相应的测量工具，对桌面的长和宽进行测量；在掌握了相应的长和宽具体数据的基础上，要在父母的帮助下去裁缝店购买适合的布料，并在裁缝阿姨的帮助下进行桌套的缝制。此类作业的设计与学生的实际生活紧密关联，不但需要学生掌握相应的测量技巧与方法，还需要父母的引导与裁缝店阿姨的帮助。因此也就表明，该作业在锻炼学生动手操作能力的基础上，还需要学生与父母裁缝店阿姨进行交流，能够培养学生与家长的亲子关系，还有助于其交流能力的提升。

【例2】

1. 教学内容：青岛版小学数学五年级（下册）《圆柱的认识》，信息窗1。

2. 教学目标：①鼓励学生找出自己生活中的圆柱形物品，并通过观察、动手触摸、验证计算等相关步骤，得到圆柱侧面积、表面积的具体数据，也就是掌握以上相关知识的计算方法。②通过对圆柱的初步学习，掌握与之相关的验证与计算方法，并运用到生活实际中，使学生的数学思维能力得以增强。③选取生活中存在的圆柱形物品，并阐述这些物品的实际应用作用，从而感受立体图形在人们生活中的重要作用，从而实现数学家庭作业生活化。

3. 生活化作业设计：

题目1：观察你所生活的家庭环境中都有哪些物品是圆柱形状的？并将这些物品的名称、作用、功能、形状特征进行记录，阐述这些物品在你的生活中都与你发生过哪些故事？

题目2：购买一桶薯片，观察薯片的外包装为典型的圆柱体，用剪刀沿圆柱体的高剪开，观察剪完之后的薯片外包装桶是什么形状的？然后将剪完后的薯片外包装桶，设计成一个全新的包装盒。其中你都需要进行哪些步骤？同时，通过将桶装薯片外包装纸剪开，发现圆柱的侧面积和表面积怎样计算的了吗？

【题目1分析】通过观察生活环境中所涉及的圆柱形物品，能够使学生更加强化对圆柱的认知。这一过程使学生能够从实际生活中体会到圆柱是具有两个底面和一个侧面的，由于该知识是小学五年级的学习内容，结合五年级学生已经具备相应的写作与思考能力，利用记录圆柱物体形状、特征、数量、用途的形式，使学生在巩固圆柱知识的同时，感受数学与生活之间的关联。

【题目2分析】剪开圆柱形薯片的包装是将曲面物体转化为平面的过程，而动手设计制作新包装盒的过程则是与之逆向的，也就是平面向曲面转化的过程。这一作业设计表面上来看是需要学生进行手工操作的，实际上是在学生进行手工完成作业任务的时候，感受到数学的转化思想，从而提升学生在解决问题时逻辑思维的转化。在剪开包装纸的过程中，学生能够轻易进行该圆柱侧面积和表面积的计算，并发现长方形与圆柱体侧面积之间的关系。如下图所示：

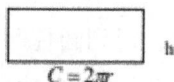
$C = 2\pi r$

长方形的长 C，也就是圆柱体的高，$2\pi r$ 是长方体的宽，则是圆柱体侧面的周长，也就是通过学生动手的过程中，能够更立体地展现圆柱侧面积与长方形面积之间的关系。这一作业设计不但能增强学生的动手能力以及数学知识掌握能力，还能够结合学生进行包装纸的设计，提升其审美。也就表明，贴近生活的小学数学家庭作业设计，能够有助于学生全面素质的培养。

【例3】

1. 教学内容：青岛版小学数学四年级（上册）《小数加减法》，信息窗1。

2. 教学目标：①通过学习，让小学生掌握数学中小数加、减法的运算。②了解小数加、减法在实际生活中的运用。③运用所学的关于小数加减法的知识，进行生活问题的解决，从而感受数学知识与生活的紧密关联。

3. 生活化作业设计：

题目："我做一次当家人"。给小学生 20 元钱，让其去早餐店购买相应的食品，从而为全家人准备早餐。需要小学生在购买早餐时进行食品的选择，这些食品是为谁准备的？需要购买的数量是多少？每份食品所花费的金额是多少？最后，20 元早餐钱是否有剩余，剩余是多少？

【题目分析】结合现实生活中离不开的人民币，让小学生通过实际购买早餐进行交易，在锻炼小学生小数加减法的同时，使学生掌握更多的生活知识，让学生在有限制人民币数额里，购买到自己所需的物品，从而提升学生的估算与实际交易能力。

7.2.2 游戏活动类

由于小学生年龄较小，对未知的世界充满了好奇心，尤其是一些新鲜、活泼、生动的事物，会吸引其关注力，使学生的求知欲被激发。基于此，就需要结合新课标的教育理念，营造欢快、活跃的数学氛围，让学生愿意主动参与到积极思考当中。教师结合小学生年龄的特点，进行游戏活动式数学家庭作业的设计，以此使学生在轻松愉悦的氛围中感受数学知识的魅力。小学数学教师要善于利用教材资源，结合小学生喜欢玩乐对新鲜灵活事物充满好奇心的特点，进行游戏活动作业的设计，在引导学生主动参与学习的基础上，使学生的思维能力得到提升。现举例如下：

【例 1】

1. 教学内容：青岛版小学数学三年级（上册）《时、分、秒的认识》。

2. 教学目标：①教师结合本节内容，让学生认知时、分、秒，并感受时、分、秒的长短。②结合对时间的感知，让学生养成珍惜时间、充分利用时间的好习惯。

3. 生活化作业设计：

题目：在认识钟表的基础上，让学生设计一款自己喜欢的钟表，结合自己身边的材料进行相应设计。同时，根据这些钟表的特点，分析材料的用途，与同学一起计时一分钟内能够完成多少个仰卧起坐？谁是仰卧起坐的小能手呢？当做完一分钟仰卧起坐，你自身的感受是什么？如果感觉到累了，那就谈一谈，如果再给你一分钟，你希望去做什么？为什么要这么做？

【题目分析】首先，通过教材知识内容的学习，让学生了解时间，并意识到时间的重要性；其次，在制作钟表时学生可以利用自己身边所具备的材料，做到废物利用，并通过制作钟表进一步巩固本节知识，让学生通过制作钟表了解整个钟面的结构，以及时针、分针、秒针的划分，在制作时要分别观察钟表中时针、分针、秒针的特点，如时针又短又粗，分针要比时针长且细，而秒针是最细的，也是走得最快的。经过此类作业的设计，不但巩固了时钟的知识，还能让学生通过制作时钟提升其动手与观察能力，并结合后期的思考，让学生阐述自己对时间的认识，以此来提升学生的思考能力。

【例2】

1. 教学内容：青岛版小学数学三年级（上册）《位置与变换》和五年级（上册）《比例尺》。

2. 教学目标：①结合公园的实际位置，将某一景点作为中心点，描述其他景点相对于这一景点的方向与位置，并结合该位置为中心的地图，进行比例尺知识的深入了解，了解比例尺与实际距离之间的关联。②学生在认识八个方位的同时，能够简单地查看地图，并按照八个方位进行路线的描述与查找。③通过生活化作业设计，让学生通过实际的游览，形成一定的空间观念。

3. 生活化作业设计：

题目：教师结合位置的变换和比例尺，为学生布置生活化家庭作业，让学生与自己的父母、伙伴周末去附近的公园观光旅游。在这里，学生通过询问公园管理人员和游客，确定公园的游览路线，并在提前准备好的公园地图上标记所询问的景点位置，并组织自己的语言向父母或一同游览的伙伴描述该景点的地理位置，如某某景点在大门的东北方向 500 米。

【题目分析】去公园游览是一个非常轻松愉快的活动，学生在逛公园时了解景点的位置，并学会观看地图，标明地图上所有标记的景点位置与比例尺，也就是利用更加直观立体的活动形式，使学生掌握方位并进行描述。在此基础上，学生通过询问公园管理人员和游客，增强了自己与人交流的能力，而且在活动中还能与父母伙伴一起玩耍，增进了亲子与伙伴之间的关系。这一作业，使学生在掌握数学知识的基础上，得到了更全面的进步，因而也就体现出小学数学家庭作业生活化设计的优势。

【例3】

1.教学内容：乘法口诀。

2.教学目标：①熟练背诵乘法口诀。②在背诵乘法口诀的基础上，学会在现实生活中应用这些口诀。③结合现实生活中的一些例子，在应用乘法口诀的过程中感受到成功的喜悦。

3.生活化作业设计：

题目：周末爸爸妈妈带你去春游，给你准备50元钱，让你为全家准备春游所需要的午餐，你觉得春游的午餐应该以什么为主？在购买食品时需要遵照什么原则呢？（附：老师收集到的一些商品的超市单价：汉堡包9元、饼干5元、可口可乐4元、面包6元、苹果3元、火龙果8元、矿泉水2元、爆米花7元、果冻5角……）

【题目分析】首先，这一题目的设计与我们的现实生活非常贴合；其次这一问题需要结合学生思维方面的拓展，也就表明在进行购物的同时，学生不仅要考虑到50元的限制，还需要结合考虑家里有几口人？最需要的食物是什么？不但需要学生运用到数学加减乘法则的运算，还需要发挥自己的思维能力，考虑全家既要吃饱又做到合理搭配，而且确保50元够用。

喜欢做游戏是每个孩子的天性，因而就需要小学数学教师结合学生的这一特点，将数学知识隐藏于游戏中，将数学教材中古板枯燥的理论知识与故事游戏结合在一起，使知识变得生动起来，让学生在玩耍的同时，掌握更深层次的数学知识运用。这一过程不但充分调动了学生学习的积极性，还能使其在完成家庭数学作业的同时全面素质得到提升，可谓一举多得。

7.2.3　合作探索类

《标准》着重强调了合作交流的重要性，尤其是在解决问题和情感态度两方面更需要加强小学生的合作交流能力，在问题解决中强调了小学生与同伴合作交流一起解决问题的重要性，并强调与人合作，体会合作带来的快乐与成就感。在情感态度方面，结合小学生的年龄特点，需要在他人的引导、鼓励与帮助下，发现身边事物存在的数学关联性，并结合数学的应用，解决生活中存在的难题，从而体验利用数学知识解决问题所带来的成就感，激发学生主动参与数学学习，并树立学好数学的自信心。这一过程中，不但需要教师与家长的鼓励，还需要在有效的引导下，发现自己在数学学习中存在的误区与不足，并及时给予更正。同时，要鼓励小学生在应对生活难题时，敢于利用自己所学数学知识发表观点，并结合他人的见解，通过交流使自己获取更多的数学理论知识，并能实际应用于生活中。传统的教育中，教师鼓励学生独立完成作业，认为学生在完成作业时与他人的交流是涉嫌抄袭的，其中过分强调了学生个体的发展，给学生的身心发展造成阻力。基于此，就需要数学教师重视生活化家庭作业的设计，通过合作探究、互相鼓励、引导来解决生活中存在的数学问题，也是学生间、学生与家长、学生与教师合作完成作业的过程，因而能有效提升学生的交流合作能力，使其在探索新知识时更乐于帮助别人，并积极采纳别人的独到见解。

【例1】

1. 教学内容：平均数。

2. 教学目标：①让学生通过一些实际生活中的例子了解平均数在实际生活中的应用，并能够利用所学的平均数知识进行实际问题的解决。②感受平均数在生活中的运用，并了解其在生活中的具体意义。

题目1：选运动员。学校举行跳绳比赛，需要每个班抽取3个人去参加比赛，那么我们班有8名跳绳能力比较突出的同学，派谁去比赛更合适呢？

题目2：利用课余的时间调查你周围小区附近的鲜花店，去咨询玫瑰花和茉莉花的价钱，并算出几家鲜花店中玫瑰花和茉莉花的平均价格。

【题目分析】以上两项作业都是结合生活实际比较简单的一些问题，但需要学生在合作与实际探索的过程中来解决问题，也就表明这些问题结合生活化设计，需要学生走出校园，体会数学的乐趣。

【例2】

题目：《条形统计图》

（1）生生合作：将班级的学生划分成若干个小组，并让学生调查小组中所有同学每天的具体睡眠时间，以及上下学需要花费的时间，然后完成统计图。

（2）家长协作：让学生在家长的协助下准备一些大蒜瓣与器皿，进行水培蒜苗的培育，在两个星期时间内，在确保蒜苗有足够水分的同时，不断观察蒜苗发生的变化，并实际测量蒜苗的长度并进行记录，然后通过两星期的数据统计设计自己的统计表。

【题目分析】由于统计水培蒜苗是一个比较细致的工作，但其相对小学生而言，在家长的辅助下是可以顺利完成的。大多数学生都能按照自己的实际测量进行蒜苗生长统计表的设计，但个别学生却没有完成这项作业，教师在鼓励已完成作业学生的同时，要与这些个别学生进行仔细分析，查找未完成作业的原因：一部分学生是由于自己没有按时给蒜苗添水，导致蒜苗干枯而未完成作业；还有一些学生是由于过于依赖父母，在进行水培蒜苗培育时，主要是依靠父母去照看，而没有实际测量到蒜苗的长度，导致作业未完成。因而也就表现出，此类生活化数学家庭作业设计不但能让学生进一步巩固学到的数学知识，还能培养学生的细心和耐心，因此值得推广。

7.2.4　阅读欣赏类

苏联数学教育家斯托利亚尔曾说过："数学教学也就是数学语言的教学。"也就表明，阅读类数学作业的重要性，就需要小学数学教师在进行生活化家庭作业设计时，增加阅读类作业的比例，以此使学生的数学素养与阅读能力得到有效提升。

【例1】根据小学生年龄的特点以及认知水平，小学数学教师可以为其推荐相应的数学书目。如：《数学魔术师》、《贝贝妮奇奇卡的数学之旅》、《数学与头脑相遇的地方》、《生活的数学》、《新编十万个为什么（数学卷）》、《故事中的数学》、《数学魔笛系列——数学方法趣引》、《加德纳趣味数学系列——数学的奇妙》、《数学游戏与欣赏》、《蚁迹寻踪及其他数学探索》、《数学无国界》、《数学游戏》、《数学趣闻集锦》等。通过对这些阅读类数学书籍的阅读，让学生的数学知识面得到拓宽，培养学生的阅读能力与数学情感。

7.2.5 旅游见闻类

旅游在增长见识的同时，也能够加强学生的数学涵养。旅游是生活中美好的一部分，旅游里也充满了数学现象和数学问题。在旅行中去发现、解决数学问题，学生的学习氛围很轻松，并且会印象很深刻。

【例1】烟台山小导游。将自己假想为一个小导游，如何向游客介绍烟台山美景，并在游客游览的过程中让其感受美景的同时，了解相关烟台山的地理位置知识。

关于例1，学生首先要获取烟台山的游览地图，并了解比较典型的景点位置，按照所学比例尺的知识进行路程的还原，然后通过实际行走估计整个地图的具体方位与实际路程，同时查阅这些景点的相关信息，通过这一系列的准备工作，让学生利用所学的数学知识成为一名合格的烟台山小导游。

【例2】参观地质博物馆，把你看到的感兴趣的动物或者物品按照你喜欢的方式做好，诸如年代、重量、大小等的统计。

7.2.6 资料检索类

新课标指出，要强调信息化技术在数学教育中的重要作用。利用信息化技术改变传统数学教学的目标与内容，使整体教学方式得到全面更新，让数学家庭作业的设计更符合小学生身心健康成长的需求。例如，利用多媒体参与到数学课堂教学中，能够使整体课堂的氛围更活跃，更符合小学生的性格特点。基于此，更需要在生活化数学家庭作业设计中，进行信息技术的应用，让学生通过计算机获取更多的数学资源。其中，教师和家长的引导是必不可少的，让学生在适量应用信息技术的同时，学会边学习、边搜索、边反思，并乐于将所学的数学知识应用于生活中，用于解决存在的难题。在作业设计时，教师还可以结合学生学习的现状，让学生通过信息技术，在课后进行文献知识的查阅与探索。

【例1】我们都知道3的倍数的特征：每个数位上的数字相加的和，如果能够被3整除，那么这个数就是3的倍数。请大家利用假期时间思考，为什么呢？

【例2】了解圆周率及其历史发展，并用数学日记的形式记录下你的收获和感受吧。

关于例1中3的倍数的规律，是人们生活中应用比较多，又很难解释其原因的一个现状，因而会在一定程度上激发学生的好奇心。结合学生的好奇心，利用信息化技术进行其规律原因的搜索，从而获取相应的知识，使学生获取成就感。以471这个数字为例，471各个位、十位、百位相加是3的倍数，因此也就能被3整除。通过在互联网平台进行搜索总结发现，所应用的知识源于一年级的数的组成，也就是说471是有4个百、7个十和1个一组成，需要从百位开始应用四个百，也就是100+100+100+100，每个100在被3除的情况下余1，也就是说400÷3最后余4；再看十位由七个10组成，每个10被3整，除后也是余1，也就表明最后余7；最后，把所有的余数也就是4、7、1加在一起，就是12能被3整除，这也就，是471验证是否为3的倍数的依据。

关于【例2】，主要是让学生了解圆周率从何而来？通过了解其历史发展，从而提升学习的积极性。

【例3】了解关于人民币发展的相关知识，通过互联网的便利，搜寻货币的最初形式，同时了解其他国家的钱都有哪些？他们与人民币之间能互换吗？怎么进行互换？

【例4】搜索国内外对数学有贡献和纪念意义的数学家的故事，结合自己所搜索的材料进行语言总结，并分享给大家。同时，与大家共同交流，通过了解这些故事给自己带来的感受。

【例5】搜集一些数学小常识，感受数学的魅力吧。

例如，人们把 12345679 叫做"缺8数"，"缺8数"的神奇之处就在于如果用9的倍数与它相乘，得到的积是由同一个数组成，人们把这叫作"清一色"。比如：

12345679 × 9 × 111111111

12345679 × 18 × 222222222

12345679 × 27 × 333333333

……

12345679 × 81 × 999999999

除此之外，像是99、108、117 至 171。也有类似的"清一色"：

12345679 × 99 × 1222222221

12345679 × 108 × 1333333332

12345679 × 117 × 1444444443

……

12345679 × 171 × 2111111109

再例如"蒲丰试验"。具体是：法国数学家蒲丰为了验证圆周率的近似值，邀请很多朋友来家里做客。蒲丰首先准备了一张大白纸，并在大白纸上画满了等距离的平行线，然后将非常多的细针分给来家做客的朋友，这些针的长度是平行线的一半，大家将针随意扔到白纸上后，蒲丰对所获得的结果进行统计：大家共投掷了 2210 次，与平行线相交的针有 706 次，而这个数则是 π 的近似值，也就表明在投掷过程中所获得的数据为圆周率的近似值。随着投掷次数的增多，该圆周率近似值会愈加精确，这是一个非常有趣的实验，能够吸引学生的关注力，就需要小学数学教师结合类似数学小常识的趣味性，让学生利用互联网进行相关数学小常识实验的搜索，并将自己感兴趣的小实验进行摘录和记录，其不但丰富了学生的数学知识，还能调动起学习的自主性。

8. 新课标背景下培养小学生数学学习兴趣

8.1 主动建立亲密关系以建立心理战线

8.1.1 生活上主动关心学生，热心提供帮助

古语有"亲其师，信其道"。在培养和巩固学生学习数学的兴趣环节，教师起着关键作用。小学生需要得到生活上的关心，特别是家庭不和谐导致悲观甚至厌恶学习的小部分学生，此时更需要在学校里得到老师的关爱。作为小学教师，课余时间多与学生聊天，深入了解此阶段学生的生活和心理，平常注意观察每一个学生的表现应是重中之重。

8.1.2 学习上主动鼓励学生，发现学生在数学学习的独特之处

兴趣的产生离不开成功之喜。当学生在学习数学的过程中得到回报，就会产生喜悦感和成功感，从而增强了对相关学科的兴趣和信心。人都有一种自我实现、取得成功、获得承认的愿望和需要，成功后的快乐是学习精神力量的重要来源，它能推动学生更好地发挥自身的潜能，充分发挥主体的能动作用。霍姆林斯基所说："成功的欢乐是一种巨大的情绪力量，它可以促进儿童好好学习的愿望。请你注意无论如何不要使这种内在力量消失"。鼓励学生，教师应该适当设立奖惩机制，同时发现学生在数学学习的独特之处，课

上课下辅导并行实施。

　　教师不仅要对教材教法有所了解与掌握，还要认真细心地研究学生身心特点，因为教师教学主要资源是教科书，是教学的主要根据。而对于数学教学在教授教材内容时，要按照学生的身心特点采用不同的教学方式引入教学当中。比如在数学课堂中，教师可利用直观法教学，PPT 图片的第一效应和相应的游戏环节，都能够从侧面激发学生的情境式思维的学习，从而提高学生的学习效率。

　　教师将有趣的数学内容设置到情境之中，可以保证学生的全面参与和有效解决数学问题，而且能够使问题的解决得到更好的预期效果，利于学生数学兴趣的培养。对于乡村学生而言，虽然教学环境和自身水平不能与城市孩子相比，但乡村孩子身上也有优点，比如知识的专一程度和对解决问题的态度相对较高，教师要利用这一良好的资源进行有针对性的情境创设，更有利于孩子对数学知识的掌握。但是，孩子的年龄阶段，学生的认知程度，情感变化，以及不同年级的学生都有各自的特点，这都为情境创设带来了困难与挑战。但对于低年级同学而言，只有抓住学生的身心特点，利用低年级学生的优势，是可以慢慢调整的。对于中高阶段的小学生而言，他们对事物的反应以及受到的刺激性做出理性的判断，对事物产生的刺激也很感兴趣。因此，只有将情境的设计为起点，从学生的身心特点出发，以教学内容的表现形式为选择对象，以生活实际中的具体事例设置情境，从而促进情境教学良好发展。例如教师在讲授《图形的旋转》这一数学课时，教师设计了一个情境，请三名同学站成一排，中间同学原地旋转，两侧同学顺时针或逆时针旋转，进而提高对旋转知识以中心轴旋转的理解。还比如，教师亲自推了一辆自行车，让学生们亲自感受轮胎围着车轴中心旋转等一系列的情境创设，使学生对旋转的定义有了进一步的理解，从而可以举出生活中的事例来解决数学问题。

8.2 做好"先行者"以构建良好开端

8.2.1 以身作则，提高数学能力

"工欲善其事，必先利其器"，将小学数学教学作为本职工作的数学教师应当具备充足的教学知识和案例储备，同时应尽量开拓专业和相关知识领域，在学生面前做到有话可说，言而有物，激发思考，带来启迪；而不是传统教学中不断重复知识点，这不仅会使学生感觉喋喋不休，也在无形中降低了小学教学知识的密度甚至磨灭小学生的兴趣和积极性。新课标中对小学数学教师使用课堂情景创设教学模式有明确规定，要求教师在结合学生实际情况基础之上开展相关教学内容。小学生思维能力相对较差，对很多数学知识点无法理解，所以为了降低学生的学习难度，教师需要将容易认知的具体化事物合理融入课堂中，让学生对数学概念有具体的认识和了解，降低学生的学习难度，由此激发学生的学习兴趣。而且教师在进行情景创设教学时，应该把激发学生学习兴趣作为教学的出发点，可以通过多媒体等教学设备播放学生感兴趣的视频，吸引学生注意力，进而提升小学数学教学效果。需要注意的是，在开展课堂情境创设之前，教师应该向小学生讲解视频内容，增强学生的理解，让学生带着疑问观看后续视频，提升教学的目的性。首先教师在制定情境内容时一定不能脱离数学教学内容；其次，在了解本班学生心理发展特点之后，有针对性地制定情境内容，引导学生思考相关问题，激发学生好奇心，使学生有更强的探索欲望；最后，要本着符合数学学科本质的原则对课堂内容进行情景创设，在教学过程中分清主次，有利于提升学生的数学能力。

小学数学知识较为分散，每一章的知识点都与其他章节相连，因此教师在教学过程中不能始终以一板块的知识为教学重点，每次在讲解完一个章节内容后，在向学生传授新知识概念之前，教师首先需要让学生自主了解所学新知识，并且联想到之前的知识内容。考虑到小学生的理解能力有限，没有较强的梳理知识框架能力，教师就可以将比较法合理使用到教学中，先将与

新知识有关的内容带领学生复习，在此基础上引入新知识，这样既能够使学生夯实之前所学的知识，还能为学生提供更多解题思路，进而提升教师教学效率。

例如，当教师在向学生讲解乘除法运算这一内容时，其与加法之间有着很大联系，因此在正式上课之前教师可以带领学生将有关加法知识点进行复习。教师在黑板上写下 6+6+6+6 这道加法算术题后，可以让学生自行计算出结果，这时学生就可以回顾起多数加法的运算规则，然后从左向右开始计算，学生算出第一个 6+6 等于 12 之后，再用 12 加第 3 个数字 6，算出结果等于 18，以此类推最后就能够算出正确结果。这种计算方式较为复杂，有时学生在计算过程中稍有粗心就会将结果算错。这时教师就可以将乘法运算引入到此题的计算过程中，6+6+6+6+6 这道题目中有 5 个相同的数字，因此在使用乘法计算时，就可以将其写成 6×5。这时教师可以带领学生回顾之前所背的乘法口诀，学生可以轻松地算出这道题的正确答案为 30。由此可见，在加法计算中合理使用乘法计算，不仅可以简化计算过程，还可以准确地计算出正确结果，学生在此过程中能够加深对之前所学知识的理解，同时也能够更好地理解乘法的含义，并将其运用到日后的学习生活中。

8.2.2 灵活导入，积累鲜活例子

调查显示，约百分之八十的学生喜欢老师用故事进行课程讲授，由此可见，讲故事确实能激发学生的学习兴趣，数学教学也不例外。如果能运用恰当的恶故事导入新课，不仅会使学生的注意力得到集中，而且能快速被故事情节吸引从而迅速进入学习状态。例如某教师在引导学生初步接触对策论时引入《田忌赛马》的故事，学生在课堂上参与的意识明显增强，各种感官也处于相对活跃的状态，这时接下来课堂的推进有条不紊且紧凑，同时这也是一个典型的基于实际问题解决数学问题的案例。现阶段素养目标、技能目标与知识目标是贯穿整个小学数学教育的三个基本要求，所以小学数学教师在今后工作中使用课堂情景创设这一教学模式时，在遵守这三个要求的同时，还应将教学重点放在对学生核心素养的培养方面。在对学生进行授课前，小

学数学教师应明确本节课的教学目标，规划好学生需要掌握的知识与技能以及与之相关的核心素养。

比如，当教师在对学生讲解"长度单位"知识点时，可以通过以下三点明确本节课的教学目标：首先，需要让学生掌握长度单位的概念，使学生能够将长度单位应用到实际生活之中；其次，使学生对米和厘米等长度单位有明确认知，熟练掌握各单位之间的转换；最后，为了增强学生对本节课的理解程度，可以充分结合学生的实际生活，合理设计相关教学情境，有利于学生今后遇到实际问题时，使用多元化的解题思路探索出问题答案，增强教学的实践性。教师在教学过程中，可以创设以下情景，让学生观察身边的物体，如铅笔、书包等，使用比较法比较这些物体的长度和高度，增强学生对厘米概念的了解；然后让学生使用直尺测量物体，增强学生实际操作能力；随后拿出两个 50 厘米长的木棍，将两根木棍结合到在一起，让学生计算出木棍总体长度，使教学内容得到延伸；还可以让学生相互猜测身高，将猜测结果与实际身高进行对比，强化学生对长度单位的理解；在布置课后作业时，教师可以让学生回家估测家中某一物体的长度，再进行精准测量，比较二者之间的差异，让学生将所学知识和利用的生活中，增强学生的数学素养。在小学数学的课堂当中，会涉及一定的几何问题，虽然知识点都较为基础，但是全新开辟的领域对于在自主学习上尚未成熟的小学生来说还是会有难度，而且几何问题对于小学生来说比较抽象。因此，在学习新知识的过程中，往往会有很多的阻碍，长此以往，学生就很容易失去对于学习的动力。所以在进行小学数学教学的过程中，合理利用计算机网络技术制作通俗易懂的课件可以帮助学生建立具象思维，让学生初步了解到集合问题的具体概念，进一步引导学生深入探索。从教师的角度出发，计算机技术的应用，可以在多媒体投放不同类型的几何形状和几何体，有效节约了寻找教学工具的时间和精力。对于学生而言，系统全面地认识这一领域的基础概念和初步计算方式，也能够为后续的深入学习奠定基础。而且几何教学所注重的并不是理论知识的灌输，而是学生对于知识点的理解应用，由此可见，采用计算机网络技术可以有效提高集合课堂的教学效率。

处于信息化时代下，多媒体技术已经普及到教育领域中，并得到广泛应用，但是部分教师没有正确认识多媒体在教学中的重要性，造成教学内容单一化，导致学生丧失对学习的兴趣。因此，学校应提高对新兴技术的重视，同时，也需要对教师提出严格要求，在提高自身计算机技术水平的同时，要将多媒体应用到课堂中，将学生的注意力全部吸引到课堂中，让学生主动投入学习。例如，学习"圆的认识"时，教师制定乔治和佩琪的骑车比赛，乔治"长方形"车轮，佩琪"三角形"车轮，两人在转动自行车时但车轮丝毫不动，此时学生的注意会通过这种搞笑的方式吸引过来，然后在让乔治和佩琪完成第二次比较，这时乔治自行车轴心处于圆心上时可向前行驶，但佩琪自行车轴心脱离车子，导致骑行过程中颠簸不已。学生在观看视频的同时，教师可以提出一些问题，并让学生以小组的方式完成讨论，这样不仅可以提升学生学习兴趣，还可通过视频让学生充分感受到数学带有的生活性以及实用性。

8.2.3 打破陈规，注意寓教于"乐"

生活中离不开数学，很多数学知识来自生活，学生学习到的数学知识同样也可以合理的应用到生活中，所以小学教师在对学生进行数学教育时，应该注重情景教学，了解学生的兴趣爱好后，从数学教学内容的角度出发，创新出更多生动有趣的教学情境，突破传统的教学模式，让学生在学习过程中感受情景中的数学语言与图形之间的关系，使学生更加热爱数学这一学科，既能够提高学生的主观能动性，还可以让学生更加深入地了解数学模型思想。例如：当教师在对学生讲解小数乘法这一内容时，为了减少对小数乘法抽象的理解程度，需要从学生自身出发，例如"妈妈让小明去商店买 4 根火腿肠，每根火腿肠的价格为 1.5 元，问小明最后需要支付多少钱？"，教师可以组织学生进行情景模拟，让一名学生扮演去商店买火腿肠的角色，另一名学生扮演商店的售货员，让更多同学参与其中，提升数学课堂趣味性的同时也能够锻炼学生的思维能力与写作能力，学生可以直观地感受到这些问题来自生活，更有利于学生精准地想出问题答案。随后教师可以让学生单独尝试解决这一问题，增强学生对数学知识的理解与掌握，最后在黑板上给出解题思路与答案：$1.5 \times 4 = 6$（元），并有针对性地解决学生的疑惑。这样一来学生既能够提高课堂效率，也能让学生掌握实际生活中如何运用数学模型思想。

在进行数学课堂中游戏性数学教学活动开始之前，教师首先要对游戏的规则、要求和过程等进行详细说明，并进行亲身示范。在进行游戏的过程中，要对学生进行密切关注，对不能顺利进行活动的学生进行正确引导和鼓励。对表现较好的学生，要及时进行知识的强化。在进行游戏的过程中，教师既要对学生进行正确指导，也要增强对课堂的调控能力，遇到突发情况要及时进行处理，同时对课堂中所学知识进行总结。在游戏结束以后，教师要对学生的表现进行总结，并及时进行奖励和鼓励，增加学生的成就感，并对课堂知识记忆更加深刻。教师评价时要结合本节课教学目标。总之教师作为整个课堂教学的调控者，应该细致观察课堂中所发生的每一处变化，随时根据课堂的发展情况适当调整游戏教学，确保教学的顺利进行，在学生们进行游戏时教师也要进行必要的辅助指导，使游戏教学在不脱离教学目标的前提下更好地提高课堂效率。而且处于新的学习环境中的小学生能够在游戏中获得快乐与兴趣，各方面能力都得到了培养。游戏同时营造了良好的学习氛围，有利于良好学习习惯的培养。

8.3 设置"多情景"以解脱数学于"解题"囹圄

8.3.1 追根溯源，创设哲学情

数学与其他学科有根本区别，数学学科的逻辑性相对较强，而且有很多抽象的概念，使小学生无法理解，所以大部分学生会认为在小学阶段数学是最难的科目。针对学生的这一学习心理，教师在教学过程中可以将这些知识内容与情景相结合，让学生回忆在生活中遇到与数学相关的内容，加深学生对数学知识的理解，进而提升学生数学素养。当小学数学教师在使用情境创设对学生进行教学时，首先应该增强与学生之间的交流，了解学生的喜好、

个性、学习能力以及哪些难点阻碍了学生学习数学的进程，最后再有针对性地对学生展开教学，提升学生对数学学科的认知，掌握更多学习技巧与理论，让学生将课堂中学习到的知识应用到生活中，在生活中细心观察哪些知识与数学有关，对学生数学学习具有积极作用。

在小学数学课堂中融入情境创设能够大幅提升数学教学的趣味性，小学生年龄相对较小，很容易被新鲜事物所吸引，尤其是当教师在教学过程中将游戏融入课堂中，为学生创造游戏情境，更能够激发学生学习数学的热情。教师在制定游戏内容时应该充分考虑到小学生的心理特征及兴趣爱好，制定有教育意义且符合学生实际需求的内容，能够有效解决传统教学的枯燥，而且还能够将很多抽象难以理解的问题生动形象地展现在学生面前，使学生主动参与到学习过程中，进而提升小学数学的整体教学水平与质量。

传统小学数学教育在学生遇到问题时，教师会直接将问题答案告诉学生，缺乏对学生自主思考的引导，学生也因此对老师产生了很强的依赖性。当在学习中遇到任何问题时，首先想到的是等待老师给出的答案，现阶段将情景创设合理使用，可对小学数学课堂中存在的问题给予有效解决，在对学生进行中难点知识讲解时，教师会根据问题设计出合理的情境，进而引导学生主动思考，在交流过程中将问题解决，如果问题的难度相对较高，教师可以对学生进行引导，给学生一些建议帮助学生解决问题，从而锻炼学生的数学思维逻辑能力，使学生主观能动性得到提升，为学生今后的数学学习奠定良好基础。

8.3.2 源远流长，创设数学史情景

在小学课堂当中，数学概念贯彻教学始终，在教学过程中，数学概念能够帮助到学生探索事物的客观发展规律，在面对新的知识点时，学生也可以通过自身的理解进行分析和验证，掌握新的知识。由此可见，在小学数学学习的过程中，学生可以通过数学思想方法来认识到知识点的概念以及具体的应用方式，并且在实际的应用过程中，通过自身学习能力来解答问题。例如在学习"角的分类"这一课程时学生就可以通过使用数学思想方法来确定知

识点的概念定义，并且在认识的基础上进行拓展延伸，理解知识点的同时，也能够加强自主应用能力。

小学生正处于一个学习的积累阶段，他们的知识水平和学习能力有很大的潜力，考虑到应试教育背景下小学节奏较快的教学进度，可能会使中高年级的学生难以适应，在实际的教学过程中，教师就需要正确引导学生的自主探究能力，开发学生的潜力采用数学的思想方法在学习中进行更深层次的探索，避免突然加快的学习节奏而导致的教学进度拖慢的情况出现。针对数学的思想方法来说，它不仅能够有效挖掘学生的潜能，培养学生自主学习的能力，还能够在实际的教学过程中，辅助教师进行知识点引导，以"旋转"这一课程的教学为例，为了巩固知识点在学生心中的印象，教师可以采用生活中的旋转方面的知识点进行课堂提问，引导学生发现物体运动的规律，从而在理解的基础上，加深对于课内知识点的理解。

几何课程对于小学学生来说，不管是在空间立体感理解，还是计算能力方面都不同于之前的学习内容，因此在教学的过程中往往会因为学生理解能力受限而受到阻碍。针对这一情况，在实际的教学过程中，教师就需要结合平面计算知识来引导学生进行体积计算，这样一来，不仅可以巩固之前学过的知识，在新的领域的探索也可以事半功倍。从学生的角度出发，在原有知识基础上进行新的课程的探索，避免由于课程内容转变过大而导致无法理解的情况。除此之外，在学习的过程中，教师的引导和学生的自主探索都不可或缺，因此，在数学教学过程中，加强学生数学的思想方法的应用，从学生方面来讲，可以提高自身的学习能力，加强知识点的巩固理解，就教师而言，教学方式的转变也能够在提高教学效率的同时，培养学生的自主探究能力。

教师在进行授课的过程中，可以根据学生在课堂当中的表现以及日常的能力考察结果来综合分析自身的教学模式，并针对实际的教学成果进行调整，不断地进行优化，在提高教学效率的同时，也能够揣摩出真正适合学生的教学方式。在传统的数学课堂中，大部分教师将自身作为核心，对于学生的教学方式高度统一，忽略了对于学生个性化发展以及自主探究能力培养的重要性，在这个过程中，学生只是单纯的被动接受知识，长此以往，很有可能使学生丧失对于数学学习的兴趣。针对这一情况，教师需要从自身的教学方式出发进行调整和改良，在实际的教学过程中，教师可以着重注意数学思想方式和教学的融合，改变原有的教学方式，提升学生在课堂中的参与度，并且在进行课堂能力探究的过程中对学生加以引导，充分发挥教师的辅助作用。除此之外，教师还需要在学生进行思维探索的过程中加以辅助，培养学生的学习能力。

8.4 利用"美育"以感化学生为数学学习营造的"壁垒"

8.4.1 引导学生欣赏数学"形式美"

想要从根本上提升学生的数学水平，培养学生的兴趣至关重要，只有学生对数学学科产生浓厚的学习兴趣，才会主动探索数学知识，积极配合教师教学，进而提升自身数学能力。数学这一学科具有很强逻辑性，单一的教学方式只会导致课堂气氛更加低沉，无法调动学生积极性。因此将数字资源合理运用到教学中，简化复杂的知识点，使学生感受到数学的魅力。此外，教师还要为学生提供活跃的课堂学习氛围，在上课多与学生互动，不要只关注成绩好的学生，要多照顾那些性格腼腆不爱表现，学习能力较差的学生，提升学生的数学水平，逐渐培养学生的自信心，对学生学习有深远影响，传统机械方式教学只能使学生越来越不喜欢数学这一学科。尤其是在智慧教学这一教学背景下，采用灌输式的教学方法将失去融入数字资源的优势与意义。因此小学数学教师在教学时要让学生充分意识到自己在课堂中的重要性，培养学生主观能动性，使其成为教学过程中的参与者，打破传统教学模式的束缚。这样学生才能学习到更加系统且全面的数学知识。数学知识存在于生活之中，当学生在商店买东西时，在交易过程中会使用到加减乘除运算，在做某件事情时会运用到三角形具有稳定性这一原理，当选择路线时会下意识地想到两点之间直线最近等数学知识。因此教师一定要结合实际生活对小学生开展数学教学，引导学生学以致用，这种教学方式能够强化学生所学知识，使其感受到学习数学的真正意义，并为后续的学习打下良好基础。

经过教师团队的不断探索，近几年来的小学数学教学效果有了比较明显的改善，但还是存在着一定的问题，在很多学校里，教师进行授课的过程中，数学相关理论知识的学习是间接性的传授，这在一定程度上阻碍了学生自主学习能力的培养。在素质教育以及核心素养背景下小学数学教学模式普及和形成之前，传统的小学课堂教师是学习的主导者，在课堂进行的过程中，学生只是跟随教师的引导，进行单纯理论知识的学习，对于知识的深层次的探索以及自身学习能力的提升，并没有帮助。根据相关调研可以得知，学生的学习欲望得到满足的情况下，才能够实现能力培养以及彰显教育成果。在很长一段时间里，由于教师错误的指导方式，导致学生在学习过程中一直处于被动接受的状态，这样不利于学习积极性的调动，但是不可否认的是，传统的教学方式能够节约课时，提高知识的含量与质量。但是，一味地灌输式授课，使学生一直处于一种被压抑的状态，尤其是在新课堂的开展过程中，教师为了节约时间，往往会再给出问题的同时就给出答案，并不是引导学生进行解答，使之在尝试的过程中，加深对知识的理解。这也就导致了现阶段很多小学学生对于数学的自主学习能力较差。

比如，在学习"平行四边形"这一课时，就可以根据课程内容创设具体的情境，从而帮助学生进行课程的学习，并且教师可以通过列举生活中的各种实例与课程内容进行有效结合，帮助学生更好地理解数学知识。

一般情况下，小学数学教师在进行教学的过程中，把更多的注意力给到了教学方式的选择上，对于课程内容的整合，并没有给予过多的关注。从教师的角度出发，对教学内容进行有效整合是一种积极的尝试，也是现代新型教育思想的重要体现之一。除此之外，教师再对相关课程进行归纳整理的过程中，需要明确学生在学习中的主体地位，在具体教学方式的选择上，需要综合考虑到学生的主观意愿，并且确保所选择的课程内容能够符合现阶段学生对于小学数学学习的具体发展形势。在教师进行课程教学的过程中，不仅要将相关基础知识进行传授，还需要着重培养学生的自主学习能力及独立思考能力。除此之外，为了进一步突出学生在学习中的主体地位，教师还需要对学生的主观意愿给予足够的重视，并且在进行教学的过程中，始终贯彻落实一核心素养为首要前提的教学方式，保证学生能够在理解课程内容的前提下进行学习能力的提升。

8.4.2 引导学生感受数学"内在美"

数学课堂情景的运用主要体现在为学生提供具体化的问题情境，增强学生对问题的理解，帮助学生发掘知识内在，有利于学生理清学习思路，在思考过程中将知识点相结合，最终提升小学生的数学学习能力。学生在相互讨论的过程中能够增强自身语言表达能力，学生之间相互帮助能够使学生意识到团结协作的重要性，还可以在探索问题关键中提升学生的观察能力等，对学生今后的数学学习有深远影响。小学数学教师在对学生进行情景创设教学时，需要结合自身教学任务以及核心素养，站在促进学生全面发展的角度上，让学生掌握更多数学知识与技能，培养学生核心素养，还要意识到数学问题的设置是情景创设是否有效的基本条件。比如，当教师在对学生讲解植树问题这些内容时，首先可以向学生提出一个问题："当学生需要在一条长 50 米的公路上，每间隔 5 米种植一颗柏树，那么需要在公路一侧种植多少棵柏树？"，当教师提出这一问题后，学生们将会纷纷讨论思考问题的答案，这时会有同学给出 9 颗、10 颗、12 颗等不同的答案，教师可以针对学生的答案让学生进行具体讲解，在此过程中学生与老师之间会加强沟通，增进师生友谊，还可以提升数学课堂气氛，让学生积极表达内心想法。最后通过老师与学生的讨论，能够得出正确答案，如果道路两端不种植柏树，那么每侧需要种植 9 颗，如果只有一端需要种植柏树，那么就是 10 棵，当一侧马路的两端都需要种植柏树，答案就是 11 棵。这种与实际生活相符并且学生能够理解的问题，更能够增强学生的理解能力，培养学生的数学解题思维，进而突出课堂情境创设的使用意义。生活中离不开数学，同时数学为生活而服务。教师在讲数学知识时，有的教师以全搬教材的方式让孩子理解数学，这种思维是不科学的，忽视了数学的本质，忽视了数学来源于生活，服务于生活。有的教师只顾教学情境的设计，一味地追求课堂效果，没有顾虑到课堂的效率，导致学生掌握数学知识能力不强。这两种情况的出现，只讲求一个原则，在讲授数学知识的同时，要将理论与实践相结合，才能真的达到生活离不开数学，数学为生活而服务的目的。

9. 结论与建议

9.1 实施课程与基于学科核心素养的课程实施之间的距离

9.1.1 目标偏差：部分核心素养重视程度不够

通过本研究了解到，在实际教学中，大部分教师比较注重学数学核心素养。并将其作为教学的参考依据之一。从整体上分析，实施现状相对较好。但各核心素养的实施现状具有不同。必备品格中对于数学精神态度的实施现状明显优于数学情感，在关键能力中，对于运算能力实施现状存在一定不足。从几何直观和模型思想的层面来看，数据分析观念的实施现状并不理想，在推理能力方面的实施也有所欠缺，在关键能力各核心素养中的实施现状表现为：例如在开展预算能力培养时，教师能够帮助学生了解运算法则，使学生思考运算的过程中具有哪些规律，并推算出其中的答案，引导学生通过简单合理的运算渠道解决数学问题。通过上述研究发现，容易定量测试的核心素养目标实施情况较佳，而那些综合性明显对考试要求少的核心素养并未取得良好的实施效果。在以核心素养为导向的小学数学教学中，教师需将知识、技能、文化素养、思想当做重中之重，明确之间的关联性，认识到数学核心素养的益处，并在实际教学中做到核心素养教学，对学生的学习实际情况展开全面分析，在此基础上制定教学目标，保障教学目标的合理性，分析不同教学方法的特点、可能带来的效果，选择出最佳的教学方法并积极采用。同时，教师还需将数学比赛提上日程，比赛内容可以是对数学知识点的练习，也可以是相对较难的问题等，提高信息技术的利用率，通过信息技术提升小学数学学习的趣味性，同时，对于有些核心素养，特别是数据分析观念、推理能力等，在课程实施中要投入更多精力和时间，深刻认识到演绎推理的重要性，告知学生如何科学合理地进行数据分析，感悟问题的背景，找出题干中有价值的信息，了解收集到的数据的差异性，从上述信息中找出相应的规律。

9.1.2 方法偏离：情境无效，深度探究不足

在实际开展教学的过程中，很多教师逐渐转变了单一的教学方法，开启了多样化教学方法的探索之路，针对教材中有价值的知识点进行详细讲解，注重为学生传授解决数学问题的技能技巧，分析何种教学思路、教学内容可以调动学生的学习积极性，将此种形式展现在课堂中，推动学生思维的灵活发展，但其与发展学生数学核心素养之间还未达成一致。在具体的课程实施中，讲授一般性提问互动、课堂练习等现象比较明显，教师依旧在课堂中占据主导位置。从整体教学来看，讲授与一般性提问占据的时间较多，教师没有经常性采用启发式提问的方式，对学生的互动较少。在学段不断增加的背景下，学生在课堂中采用的教学方法会越来越少，而一般性提问出现的次数越来越多，学生还有很多课堂时间花费在了题目的练习中。由此，课程实施中依然存在教师、教材、考试占比较大的问题。同时，具体教学与核心素养的种种要求存在一定差距，其中教师不够重视问题情境的创设，没有考虑到学生实际特点组织相应的探究活动，学生往往被动地接受着数学概念、数学思想的灌输，并反复练习相应题目，难以真正感受到数学学科的乐趣，对于数学核心素养，其重中之重为培养学生的"真实学力"，需要立足于实际情况，考虑到学生的数学水平、思维能力等等，注重教学内容和教学方式的调整。

9.1.3 评价缺乏深度观照：学习过程、思维过程与品质的关注欠缺

传统评价模式比较片面，往往是评价学生掌握学科内容的程度，而基于核心素养的课程发展评价模式产生了深刻的变化，还需要思考学生掌握了几种核心素养，掌握程度的高低等。由此，评价模式需注重对学生重要能力的评价，思考学生相应能力有无产生进度，学生必备品格是否有了快速发展。但在目前的课程实施中，依旧将学生外在表现和结果作为评价的主要依据。在评价的过程中会主要查看学生做题目的正确率和错误率，关注学生上课有无出现不认真听讲的情况，是否跟随老师的思路考虑数学问题、阅读数学知识点等等。而教师通常不够重视对学生思维的评价，没有及时考虑学生有无体现出创造性的思维发展。在课后评价中，关注单一课后练习题的教师偏多，评价学生的过程中，以习题试卷的得分为核心。这种评价模式显然是不够合理的，无法从整体上对学生进行客观合理的评价，也难以了解学生的思维质量，对学生思维过程评价明显不足，"一刀切"的现象在实际教学中频繁出现。可见，目前的评价方式并不全面，需要重点加强对于学生学习体验、学习过程、思维过程及思维质量的关注。

9.2 为了学科核心素养的发展：小学数学课程实施文化的构建

作为承担育人职责的广大教师，必须以正确积极的态度看待教育教学，不可错误地认为教育教学是一个堆积知识的过程，而要认识到培养学生人格品质的必要性，并在培养学生关键能力中投入更多精力和时间。核心素养是课程改革中必不可少的因素，数学核心素养的提出为小学数学教学注入新活力，呼吁着小学数学教学改革刻不容缓。从小学数学教学的角度来看，数学核心素养是发展的动力源，为了使核心素养在实际教学中真正彰显自身价值，小学数学课程需做到与时俱进，构建更加全面的整体框架，形成良好的数学

文化，从以下三个方面入手，进一步提升数学课程的深度。

9.2.1 实施更加精准：以学生数学核心素养的发展为核心关切

在实际教学中，学科核心素养是"着力点"，也是课程实施的重要因素之一，课堂是培养学生核心素养的主要场所。在未来的小学数学课堂中，很多方面都会产生不同程度的变化，其中比较明显的为数学核心素养的发展。在课程开展的过程中，教师应遵循现代化的原则培养学生的关键能力，制定出有利于发展学生必备品格的教学方案，将这些方案展现在课堂中。首先，基于数学核心素养，制定清晰的教学目标，不再停留在早期的教授知识层面，而要强调培养学生的专业技能、素养水平、健全的人格等，从学科内容的角度出发，使其朝着核心素养的方向发展。课程的逻辑起点是人的素养，无论是课程设计，还是教学与评价，都要以人的核心素养为中心，学科内容并不是最终的目标，而是培育核心素养采用的一种方式，最终目标为育人。在小学数学教育中，数学核心素养是教学体系的构成部分，需和具体教学实践相融合，充分考虑到核心素养的特点、现状、未来发展方向，并明确学生目前的学习情况，分析何种类型的教学目标对小学生比较适用，完成此种目标的制定，超越原有的知识本位。教材中的知识属于数学核心素养的载体。在新课标背景下，小学数学教学实践产生明显变化，除了注重知识的体现之外，还要使学生深入探索知识背后的价值，感悟知识背后的数学核心素养。培养学生核心素养的过程中，教师需着眼于常态教学，使其和核心素养处在相同范围，在备课的过程中明确核心素养的标准要求。同时教师要将数学素养气息散布在整个课堂中，为学生带来有利于数学核心素养提升的现代化教学服务。可见，未来的小学数学课堂教学要更具针对性和先进性，秉持着精准化的理念开展教学，不再单一的教授知识，更加注重对学生素养的培养。以数学核心素养作为教学的重要目标，通过对学生实际情况及教学内容的判断，制定出有关核心素养的数学问题，将这些问题抛给学生，使其认真思考，引导学生在此过程中进一步端正自身的数学学习态度，形成强烈的数学情感，了解如何更好地进行运算，对数据分析观念有所了解，避免学生的推理水平、抽象水平始终较低。其次，关照学生数学核心素养的发展状况。无论是学习过程，还是思维品质，都要体现在数学核心素养的评价中，及时打破课程实施不够精准的局面。以数学核心素养为切入点，制定出与实际情况相一致的教学目标。在具体的课程实施中，需将更多注意力集中在学生核心素养中，采用相同的评价方式，避免在实施过程中面临阻碍。新课标背景下，评价育人在教育领域备受瞩目，要高度重视核心素养的要求，站在客观的立场上评价育人情况。开展与核心素养相关的考试评价时，也要将学生的数学核心素养作为重要的评价指标。并且，教师在评价的过程中需做到全面、客观，不可仅仅关注学生的掌握程度，还要认真评价学生在关键能力方面有无产生进步，以及必备品格的评价。课程是一个综合性的学习过程，其中涉及较多动态化的经验和构成。课程评价不可脱离学生的体验，要使学生在整个学习过程中感受到整体氛围。在实际教学中，教师需为学生提供更强的体验空间，使学生在这个空间内持续性思考数学问题，尝试用新的思路解决数学习题，并针对涉及的学知识点进行验证，呈现出立体化的学习过程。并且，在数学课程实施中，要重新调整评价的中心思想，以学习过程和思想品质为主，时刻观察学生数学核心素养的发展进度。

9.2.2 实施更有深度：为学生数学核心素养培育"搭脚手架"

现阶段，数学核心素养在教育领域越来越常见，其处在综合能力的范畴内，倘若想实现培养这种能力的目标，必须以问题情境为前提，如果忽略了问题情境，无法体现出学习的真正价值。曾有学者表明，创设有效的问题情境具有重要作用，可以形成层次更深的探究，使课程实施的过程中更有内涵，才可以为后续学科核心素养的出现提供机会。首先，由介绍"现成的数学"转向一起"做数学"传统的学科教学，在传统的学科教学中，教师处在中心位置的现象比较突出。而学生处在被动位置接受各个知识点，并未在学习过程中扮演着探究者的角色。传统的教学理念中，教学创造是一项重要内容，它体现出一种特殊的形式表达，成了实际中难以摆脱的产品，他们将数学看成一个完整的主体，将该主体直接印在学生的脑海中，犹如在行李箱装物品,而教育过程绝不是一个机械化的过程,它彰显着较强的自由色彩,也是学生遨游在知识海洋的过程,如果学生对数学知识的了解较少,并未对数学知识的真正内涵产生清晰认识,也忽略了对数学知识生成的思考,就会认为数学知识的学习是枯燥乏味的,学习的过程中也会比较吃力,只能以死记硬背为主,现成的数学教学方式导致学生的学习积极性渐降低,想要通过此种方式培养学生的数学核心素养十分困难。对此,发展学生数学核心素养的过程中需注意,需和学生共同参与到数学中,给予学生沉浸在情境中的机会,使学生在情境中探索数学的奥妙,分析"数学化"是如何形成的,针对学生自身的数学活动进行发展,避免其始终面临着数学核心素养不足的问题。同时,由单向度的"重技巧"转向对"数学文化"的立体观照,重"技巧"的数学教学,像一个"幽灵"钳制着数学教育教学的方向,将学生推向"浅层学习"。这种单向度过于强调学生"技巧"教学是不合理的,完全影响了数学学习的艺术性和趣味性,导致数学课程的内涵、推理也被消除,只将一堆复杂的公式、冰冷的数学符号展现在学生眼前。新课标背景下,这种片面的、冰冷的基于"技巧"的教学存在明显不足,与当前基于核心素养的要求相脱离。数学是体现现代文化色彩的主体之一,也是文化因素的重要构成,数学如果失去了原有的文化色彩,将被会成为机械化、技巧式教学。数学文化具有丰富性的特点,除了涉及数学显性知识,也涵盖着数学思想方法,以及学生对数学的情感、态度等隐性的东西,在数学文化的价值的影响下,将使数学教育的特点更多、内涵更加丰富,加快了培养学生数学核心素养的速度。由此可知,数学文化是学生数学核心素养发展中的"支持者",使学生的学习朝着更加多元化的方向发展。

9.2.3 实施更有温度:构建发展学生核心素养的教育共同体

教育是人类毕生的追求,无论任何课程的改革,都离不开各方的积极协作,在落实小学数学核心素养的过程中,同样需要社会、学校、家长等多方的共同努力。对此,为了避免无法实现小学数学课程深度实施的目标,要针对学生数学核心素养进行全面分析,构建发展该素养的教育共同体。首先,学校是学生学习发展的主要引导者，良好的数学文化具有重要意义，是提升学生数学核心素养的关键因素，文化育人目前受到广泛关注。要想进一步完善数学核心素养的课程，必须通过数学科组文化为主导，使其为课程实施增添新色彩。数学科组文化的重中之重，是教师随着时代发展而形成的教学信念，以及大家都认为效果良好的课程实施方式。积极的数学课组文化非常重要，除了体现着教师对核心素养、新课改的重视程度，也对教师的教学行为进行规范，使评价方式更具科学性和合理性，在某种程度上加快了发展小学数学核心素养的步伐。在营造数学科组文化中，同样要以数学核心素养为主，明确数学科组的一致目标，考虑哪些行为方式是大家都比较青睐的，构建一种综合性的教育过程。并且，提出数学核心素养之后，数学教师在实际工作中面临着新契机和新挑战，在数学科组文化中，数学教师扮演着主力军的角色，新课标背景下，教师要以核心素养为主，不断学习核心素养的文化内涵、重要特征，使自身获得更广阔的发展空间，这也是建构数学科组文化必不可少的。同时，在数学课程资源中，学校能够提供较多保障。应以课程标注要求为基础，分析哪些课程资源是符合学生期待的，还要和教师的实际教学相一致，有利于发展学生的数学核心素养。对于那些必备的课程资源，学校要更加重视。例如，在综合实践活动课程内容板块中，由于课程资源较少，导致该课程并未充分发挥出培养学生数学核心素养的作用。目前，我国教育技术越来越先进，在线课程资源越来越多，而且体现出个性化的特点，再加上媒体技术的作用，为学生带来了更加自由的学习体验，不再像早期一样受到时间和空间的限制，学生有很多空余时间开展非正式学习。为学生数学核心素养的发展提供了较多帮助，特别是部分虚拟仿真技术，能够降低学生理解抽象数学知识点难度，避免学生几何直观发展较为困难，促使学生某些关键能力得到进一步增强。同时，基于 VR 技术的数学史和数学文化课程的开发也至关重要，可以使学生以积极热情的态度看待数学，认为数学是一个极具魅力的课程，全身心参与到数学学习中，对学生某些必备品格的形成所帮助。由此可知，数学课程资源为学生发展数学核心素养提供着更为丰富的"体验场"，学校应该成为数学课程资源的保障者。

参考文献

［1］潘云祥.小学数学教学中培养学生自主学习能力的有效策略［J］.河南教育（教师教育），2023（03）：93.

［2］宋志强.用有效问题促进探究学习［J］.教育家，2023（10）：42–43.

［3］李作兴."互联网＋"背景下小学数学教学模式创新探析［J］.名师在线，2023（07）：81–83.

［4］卢义拉.浅谈多媒体教学技术在小学数学教学中的应用［J］.名师在线，2023（07）：87–89.

［5］牛丽芳.学有所悟，学有所乐——浅析小学数学教学如何实现教学创新［J］.天天爱科学（教学研究），2023（02）：185–187.

［6］谭鸽.核心素养背景下小学数学教学改革的有效策略［J］.天天爱科学（教学研究），2023（02）：46–48.

［7］李晓美.减负增效背景下小学数学教学应用思维导图的策略探讨［J］.天天爱科学（教学研究），2023（02）：49–51.

［8］郭华敏.浅谈思维定势在小学数学教学中的妙用［J］.试题与研究，2023（06）：139–141.

［9］阎曼.回归数学的精神家园——谈小学数学教学的"数学化"［J］.试题与研究，2023（06）：153–155.

［10］施立云，王海燕.基于"让学引思"的小学数学教学新思维探索［J］.试题与研究，2023（06）：170–172.

［11］赵瑞泽.小学数学教学中学生解决问题能力培养的方法探讨［J］.试题与研究，2023（06）：194-196.

［12］凌琦文.指向高阶思维培养的小学数学问题链教学研究［J］.试题与研究，2023（06）：173-175.

［13］辛勤思.家庭教育对小学数学教学的影响［J］.文理导航（下旬），2023（03）：19-21.

［14］张燕.传统文化在小学数学教学中的应用［J］.文理导航（下旬），2023（03）：55-57.

［15］张蔚.核心素养下小学数学教学策略研究［J］.文理导航（中旬），2023（03）：31-33.

［16］吴丽娟.基于结构化的小学数学教学策略探讨［J］.文理导航（中旬），2023（03）：61-63.

［17］李红妮.深度学习下的小学数学大单元教学［J］.文理导航（下旬），2023（02）：64-66.

［18］李国林.小学数学教学运用符号标志开展反思学习的思考［J］.教育艺术，2023（02）：47.

［19］吴静.思维可视化：小学数学教学的有效路径［J］.江苏教育研究，2023（Z1）：130-135.DOI：10.13696/j.cnki.jer1673-9094.2023.z1.018.

［20］黄韵烨.指向核心素养发展的数学实验教学——以"认识几分之一"的教学为例［J］.江苏教育研究，2023（Z1）：136-139.DOI：10.13696/j.cnki.jer1673-9094.2023.z1.020.

［21］蔡素贞.核心素养视域下的小学数学阅读教学探索［J］.名师在线，2023（05）：5-7.

［22］周于雯.关于小学数学教学中思辨能力培养的策略探索［J］.名师在线，2023（05）：14-16.

［23］黄晓利.基于学生阅读能力培养的小学数学教学策略研究［J］.小学生（下旬刊），2023（02）：1-3.

［24］孙晓晨.小学数学教学中数形结合思想的运用与研究［J］.小学生

（下旬刊），2023（02）：10–12.

［25］李燕.新课标下提高小学数学课堂教学有效性的路径［J］.小学生（下旬刊），2023（02）：28–30.

［26］拉毛草，董连春，何伟.少数民族数学文化融入小学数学教学的实践与探索——以藏族数学文化为例［J］.数学教育学报，2023，32（01）：38–46.

［27］加虎杰.农村小学数学学困生学习兴趣现状及激发策略研究［J］.农家参谋，2023（03）：156–158.

［28］拉浪草.小学数学教学中农村留守儿童自主学习能力的培养策略［J］.农家参谋，2023（03）：159–161.

［29］李媛.小学数学教学中如何有效运用体验式学习［J］.小学生（中旬刊），2023（02）：25–27.

［30］史诺.新课标下小学数学教学中如何运用探究式教学模式［J］.小学生（中旬刊），2023（02）：70–72.

［31］赵志颖.小组合作学习在小学数学教学中的实践［J］.小学生（中旬刊），2023（02）：37–39.

［32］李红霞."问题驱动"下的小学数学教学探究［J］.小学生（中旬刊），2023（02）：61–63.

［33］王颖.新课改背景下绘本融入小学数学教学的实践［J］.小学生（中旬刊），2023（02）：85–87.

［34］马世梅.小学数学教学中培养和提升学生逻辑思维能力的要点分析［J］.小学生（中旬刊），2023（02）：136–138.

［35］张晓艳."双减"背景下小学数学教学的策略探讨［J］.天天爱科学（教育前沿），2023（02）：31–33.

［36］逢柠菲.小学数学教学中融入教学思想方法的探讨［J］.天天爱科学（教育前沿），2023（02）：121–122.

［37］赵艳丽.探究立德树人背景下如何在小学数学教学中融入德育［J］.天天爱科学（教育前沿），2023（02）：144–145.

［38］陆秋红.浅析构建小学数学高效课堂的策略［J］.天天爱科学（教育前沿），2023（02）：185-187.

［39］闫霞.浅析游戏化教学在小学数学教学中的应用路径［J］.天天爱科学（教育前沿），2023（02）：76-78.

［40］丁贤娥.新课标背景下小学数学综合与实践教学研究［J］.天天爱科学（教育前沿），2023（02）：115-117.

［41］莫树德.探究数学思想在小学数学教学中的融入［J］.天天爱科学（教育前沿），2023（02）：88-90.

［42］沈薇."双减"背景下实现小学数学教学评一致性的策略研究［J］.天天爱科学（教育前沿），2023（02）：118-120.

［43］周开成.错误让数学学习更美——小学数学教学中"错误资源"的合理利用［J］.山西教育（教学），2023（02）：58-59.

［44］李亚萍.在小学数学教学中培养学生的问题意识［J］.山西教育（教学），2023（02）：56-57.

［45］向松.小学数学教学中数学日记的指导策略［J］.第二课堂（D），2023（02）：47.

［46］巨光文.小学数学教学中高阶思维能力的培养［J］.当代教研论丛，2023，9（02）：69-72.

［47］蔡燕妮.小学数学教学中学生量感的培养［J］.西部素质教育，2023，9（03）：117-120.

［48］盛益芳.探索小学数学多媒体教学路径［J］.中小学电教，2023（Z1）：56-58.

［49］高迪.如何在小学数学教学中培养学生的自主学习能力［C］//中国陶行知研究会.第八届生活教育学术论坛论文集.第八届生活教育学术论坛论文集，2023：46-48.

［50］阮丹婷.新课标背景下小学数学趣味性教学方法［C］//中国陶行知研究会.第八届生活教育学术论坛论文集.第八届生活教育学术论坛论文集，2023：220-222.

［51］王凯丽."双减"背景下小学数学教学的有效创新［C］//中国陶行知研究会.第八届生活教育学术论坛论文集.第八届生活教育学术论坛论文集，2023：256-258.

［52］薛雅文.教学生活化，课堂互动化——浅析小学数学教学模式创新研究［C］//中国陶行知研究会.第八届生活教育学术论坛论文集.第八届生活教育学术论坛论文集，2023：330-332.

［53］费婷.在小学数学课堂上借助电子书包促进数字化教学的研究［J］.小学生（上旬刊），2023（02）：10-12.

［54］陈晓峰.深度学习视域下小学数学教学探索［J］.小学生（上旬刊），2023（02）：61-63.

［55］缪晓燕.试论小学数学教学中生活情境创设的有效途径［J］.小学生（上旬刊），2023（02）：40-42.

［56］石永生.探究学生自主学习能力在小学数学教学中的实践发展［J］.小学生（上旬刊），2023（02）：133-135.

［57］任明双.思维导图在小学数学教学中的运用和思考［J］.陕西教育（教学版），2023（Z1）：98-99.

［58］魏小玉.小学数学项目化学习的设计和实施［J］.学苑教育，2023（04）：59-61.

［59］陈娴.浅谈小学数学教学中学生表达能力的培养［J］.学苑教育，2023（04）：92-93+96.

［60］钟锦照.小学数学作业中核心素养的培养方法研究［J］.智力，2023（04）：116-119.

［61］韦大全.小学数学学困生计算题审题错因分析与对策研究［J］.智力，2023（04）：124-127.

［62］陆彬.小学数学教学中创设有效问题情境的策略思考［J］.智力，2023（04）：128-131.

［63］宋娟娟.素质教育视角下德育在小学数学教学中渗透的方法［J］.吉林教育，2023（04）：68-70.

［64］韩亚芳.新时代背景下小学数学教学中德育的渗透实践［J］.吉林教育，2023（04）：77-79.

［65］沈天红.浅析思维导图在小学数学教学中的应用［J］.学周刊，2023（04）：37-39.

［66］周正文.智能化时代的小学数学教学策略创新——以交互智能平板教学实践为例［J］.教育界，2023（03）：113-115.

［67］赵亚平.对小学数学教学中实施小组合作学习的思考［J］.甘肃教育研究，2023（01）：42-44.

［68］余婷.活动化教学在小学数学教学中的运用研究［J］.新课程导学，2023（03）：56-58.

［69］钱志炎.转化思想在小学数学教学中的融入研究［J］.试题与研究，2023（03）：123-125.

［70］赖忠霞.小学数学教学中微课应用现状及优化对策研究［J］.考试周刊，2023（04）：67-70.

［71］马雪亭.小学数学教学中发展学生数学核心素养的策略探究［J］.考试周刊，2023（04）：71-74.

［72］董兵.小学数学教学中培养学生数学思维能力的策略［J］.智力，2023（03）：1-4.

［73］李喜平.谈家校合作在新时代小学数学教学中的重要性［J］.智力，2023（03）：37-40.

［74］陈新兵.小学数学教学中估算的重要性及对策［J］.智力，2023（03）：91-94.

［75］秦文国.多面教学下，小学数学教学手段的完善措施［J］.智力，2023（03）：107-110.

［76］杨秀清.基于数学核心素养的小学数学教学改革探讨［J］.智力，2023（03）：111-114.

［77］江枫.小学数学教学中培养学生数感的实践思考［J］.新课程研究，2023（03）：126-128.

［78］陈敏.以问促学 以疑导学——问题导学策略在小学数学教学中的运用［J］.学苑教育，2023（03）：29-31.

［79］戴虎强.新课标背景下小学数学教学方法的创新及对策［J］.科学咨询（教育科研），2023（01）：201-203.

［80］董娟.在小学数学教学中如何渗透数学思想方法［J］.现代农村科技，2023（01）：96.

［81］张梦雅.小学数学教学中渗透数学思想方法的策略［J］.现代农村科技，2023（01）：98.

［82］张伟.小学数学教学中思想方法渗透的做法和体会［J］.现代农村科技，2023（01）：100.

［83］王艳波.信息化2.0背景下小学数学教学创新研究［J］.中国新通信，2023，25（02）：206-208.

［84］谷艳丽.小学数学教学中如何应用自制教具［J］.教育艺术，2023（01）：24.

［85］刘美娟.多元化评价在小学数学教学中的应用［J］.教育艺术，2023（01）：27.

［86］王雨雪.小学数学教学中培养学生的数据分析观念［J］.教育艺术，2023（01）：68.

［87］陈建锋.浅析如何在小学数学教学中运用多媒体技术——极简教育技术融入小学数学教育［J］.数理化解题研究，2023（02）：58-60.

［88］王双文.合理运用任务型模式，提升小学数学教学质量［J］.求知导刊，2023（02）：29-31.

［89］苏晓东.引导式教学法在小学数学教学中的应用分析［J］.求知导刊，2023（02）：41-43.

［90］孙丽平.在小学数学教学中培养学生的想象力［J］.求知导刊，2023（02）：59-61+91.

［91］杨亚红.浅谈小学数学教学中学生问题意识的培养［J］.教育界，2023（02）：83-85.

［92］冯乐天.善用数形结合，优化小学数学教学［J］.教育界，2023（02）：41-43.

［93］蒋燕.数形结合思想在小学数学教学中的应用研究［J］.数学之友，2023，37（02）：55-56.

［94］张亮亮.探析导学式教学法在小学数学教学中的有效应用［J］.数学之友，2023，37（02）：30-31.

［95］王会兵.结构化思维在小学数学教学中的运用及培养策略［J］.吉林教育，2023（03）：67-69.

［96］高超.利用生活情境教学法开展小学数学教学的实施策略［J］.吉林教育，2023（03）：80-82.

［97］郭庆松.推动小学数学教学高质量发展的实践探索［J］.教育理论与实践，2023，43（02）：58-61.

［98］王培培.信息技术在小学数学教学中的有效运用途径［C］//广东省教师继续教育学会.广东省教师继续教育学会第六届教学研讨会论文集（一）.广东省教师继续教育学会第六届教学研讨会论文集（一），2023：1404-1406.